铁路岗位应知应会问答

货运营销系统

《铁路岗位应知应会问答》编委会　编

中国铁道出版社有限公司

2019年·北　京

内容简介

本书为《铁路岗位应知应会问答》丛书之一。本书以“服务现场，力求实用”为原则，采用“一问一答”的形式，对货运营销系统（货运计划员、货运调度员、货运核算员、货运安全员、铁路客户服务员（货运）等）岗位应知应会知识进行了详细讲解。全书包括公共部分和个性部分，涵盖了货运计划员、货运调度员、货运核算员、货运安全员、铁路客户服务员（货运）等岗位必备的基础知识、基本业务、作业技能和常见问题应急处理等。

本书可作为货运营销系统岗位培训辅导用书，也可作为参加货运营销系统岗位技能鉴定人员的学习参考书。

图书在版编目（CIP）数据

货运营销系统/《铁路岗位应知应会问答》编委会编．—北京：中国铁道出版社，2019．7
（铁路岗位应知应会问答）
ISBN 978-7-113-25261-8

Ⅰ．①货…　Ⅱ．①铁…　Ⅲ．①铁路运输-货物运输-市场营销学-问题解答　Ⅳ．①F530．6-44

中国版本图书馆 CIP 数据核字（2018）第 272377 号

书　　名： 铁路岗位应知应会问答
货运营销系统
作　　者：《铁路岗位应知应会问答》编委会

责任编辑： 秦绪涛　　**编辑部电话：**（010）51873024
封面设计： 崔丽芳
责任校对： 苗　丹
责任印制： 高春晓

出版发行： 中国铁道出版社有限公司（100054，北京市西城区右安门西街 8 号）
网　　址： http://www.tdpress.com
印　　刷： 三河市燕山印刷有限公司
版　　次： 2019 年 7 月第 1 版　2019 年 7 月第 1 次印刷
开　　本： 880 mm×1 230 mm　1/32　印张：8.5　字数：184 千
书　　号： ISBN 978-7-113-25261-8
定　　价： 36.00 元

前　言

为适应铁路的发展变化，满足岗位对职工素质的要求，提升铁路岗位技能操作人员综合素质和应急处置能力，中国铁路太原局集团有限公司结合现场生产实际，组织编写了《铁路岗位应知应会问答》系列教材。

本系列教材由《铁路岗位应知应会问答》编委会编写，集中各业务部及相关单位的专家、技术人员、任课教师编写、审定，多方合作，共同完成，涵盖了车务、机务、供电、工务、电务、车辆、客运、货运等八大系统多个岗位。系列教材本着“服务现场，力求实用”的原则，按照“一问一答”的方式编制；主要包括安全知识、应知知识、应会知识、应急处置等四个部分内容；涵盖了职工岗位必备的安全知识、基本业务、作业技能和常见问题应急处理等，适用于各岗位适应性培训、考核，便于现场职工日常学习。

本书为《货运营销系统》，参加编写的主要人员有：李书、苏海春、宋俊芳、郝立成、杨红刚、郝建中、刘明强、秦树银、高俊成、任艳丽、张振宇、王哲、刘琰、刘海华、郭红强、何建民、赵永丽、李婷、高颖梅、张媛媛、李清彪、杜鹃、杨志红。本书在编写、审定过程中，得到集团公司领导高度重视，以及各业务部、相关站段领导和专业技术人员的大力支持和帮助，在此一并表示感谢。

由于编写时间紧，水平有限，难免有错误和不妥之处，恳请大家在使用过程中提出宝贵意见，以便我们在修订时加以改进。

《铁路岗位应知应会问答》编委会

2019 年 6 月

目　　录

第一篇　公共部分

第二部分　个性部分

第三章　货运安全员

第一篇

公共部分

第一章　安全知识

第一节　安全法规

1. 安全生产工作的方针是什么?

答:安全生产工作应当以人为本,坚持安全发展,坚持安全第一、预防为主、综合治理的方针。

2. 从业人员在作业中应遵守哪些规定?

答:从业人员在作业过程中,应当严格遵守本单位的安全生产规章制度和操作规程,服从管理,正确佩戴和使用劳动防护用品。

3. 何谓违章作业?

答:违章作业是指不按有关章程的规定或以不正确的办法和程序进行的作业。

4. 何谓突发事件?

答:突发事件是指突然发生,造成或者可能造成严重社会危害,需要采取应急处置措施予以应对的自然灾害、事故灾难、公共卫生事件和社会治安事件。

5. 何谓应急预案?

答:应急预案是指各级人民政府及其部门、基层组织、企事业单位、社会团体等依法、迅速、科学、有序应对突发事件,最大程度减少突发事件及其造成的损害而预先制定的工作方案。

6. 何谓应急救援?

答:应急救援是指针对突发、具有破坏力的紧急事件采取预防、预备、响应和恢复的活动与计划。

7. 处理事故“四不放过”原则是什么?

答:(1)事故原因分析不清不放过。

(2)事故责任者和群众没有受到教育不放过。

(3)没有防范措施不放过。

(4)责任者未得到处理不放过。

8. 从业人员发现事故隐患或者其他不安全因素,应如何处理?

答:从业人员发现事故隐患或者其他不安全因素,应当立即向现场安全生产管理人员或者本单位负责人报告;接到报告的人员应当及时予以处理。

9. 对铁路运输企业迟报、漏报、瞒报、谎报事故如何处罚?

答:铁路运输企业及其职工迟报、漏报、瞒报、谎报事故的,对单位,由铁路总公司或安全监管办处10万元以上50万元以下的罚款;对个人,由铁路总公司或安全监管办处4 000元以上2万元以下的罚款;属于国家工作人员的,依法给予处分;构成犯罪的,依法追究刑事责任。

10. 对铁路交通事故赔偿责任是如何规定的?

答:事故造成人身伤亡的,铁路运输企业应当承担赔偿责任;因不可抗力或者受害人自身原因造成的,铁路运输企业不承担赔偿责任。

违章通过平交道口或者人行过道或者在铁路线路上行走、坐卧造成的人身伤亡,属于受害人自身的原因造成的人身伤亡。

第二节　人身安全

1. 铁路职工班前应遵守哪些安全规定?

答:上班前,严禁饮酒,要充分休息好,保证工作时精力充沛,思想集中。工作前,必须按规定穿戴好防护用品,禁止穿拖鞋、凉鞋、高跟鞋、带钉子鞋作业。检查、确认使用或交接的工具、设备的技术状态良好。

2. 顺线路行走时有何规定？

答：顺线路行走时，应走两线路中间，并注意邻线的机车、车辆和货物状态。严禁在道心、轨枕上行走。不准脚踏钢轨面、道岔连接杆、尖轨等。

3. 横越线路时有何规定？

答：横越线路时，应“一站、二看、三通过”，注意左右机车、车辆动态及脚下有无障碍物，严禁抢越股道。

4. 横越停有机车、车辆的线路时有何规定？

答：先确认机车、车辆暂不移动，然后在该机车、车辆较远处通过，严禁在运行中的机车、车辆前面抢越。

5. 必须横越列车、车列时有何规定？

答：应先确认机车、车辆暂不移动，然后由通过台或两车车钩上越过，勿碰开钩销，要注意邻线有无机车、车辆运行，严禁钻车。

6. 不准在哪些地点坐卧或站立？

答：不准在钢轨上、车底下、轨枕上、道心里坐卧或站立。

7. 禁止在哪些处所乘凉、避风、雨、雪？

答：禁止在车下或车档处乘凉、避风、雨、雪。

8. 车务人员着装和佩戴防护用品有何要求？

答：服装整齐、扣紧纽扣，紧衬利落，按规定佩戴好防护用品。行车外勤人员不准穿高跟鞋、硬皮底、塑料底、带大帽钉子的鞋及凉鞋。棉帽要有耳孔，手套要分五指，要随时提高警惕，预防事故发生。

第三节　消防安全

1. 灭火的基本方法有哪几种？

答：灭火的基本方法有隔离法、冷却法、窒息法、抑制法。

2. 灭火器使用的五字要诀是什么?

答:拔:拔出保险销;握:左手握住瓶体;瞄:喷嘴瞄准火源根部;压:用力压下手把;扫:左右扫射,将火扑灭。

3. 消防工作"四懂四会"是什么?

答:四懂:懂本岗位生产过程中的火灾危险性、懂火灾预防措施、懂扑救初起火灾的方法、懂逃生疏散的方法。四会:会报警、会使用消防器材、会扑救初起火灾、会组织疏散。

4."防火十法"内容有哪些?

答:(1)要将火柴梗、烟头掐灭放入烟灰缸内。不在酒后或睡前躺在沙发或床上吸烟。

(2)要及时关闭电源开关及煤气、液化石油气总阀。外出时、临睡前熄灭室内外的火种。

(3)要教育小孩不要玩火,不玩弄电气设备。

(4)要在规定区域内安全燃放烟花爆竹。

(5)要确保走道、楼梯的畅通,不在楼层通道和安全出口处堆放物品,以防封堵。

(6)不乱接乱拉电线,防止超负荷用电。使用电加热器时,人不能离开。

(7)不用明火寻找物品和检查煤气、液化石油气泄漏。

(8)不用灯泡取暖或烘烤衣物。

(9)不把点燃的蚊香靠在床沿、蚊帐和窗帘处。

(10)不在房内焚烧物品或迷信用品。

5."灭火十招"内容有哪些?

答:(1)发现火警要大声呼喊并迅速拨打火警电话119,讲清失火部位所在地名及街道门牌号,然后派人在附近十字路口迎候消防车。

(2)扑灭火苗要就地取材,如用毛毯、棉被罩住火焰,然后迅速扑灭火焰。

(3)可及时用面盆、水桶等取水灭火或用场所内的消火栓、灭火设施及灭火器扑救火灾，并注意灭火禁忌。

(4)有些物品着火时，如果可能要赶快把着火物品搬到室外安全地带。

(5)油锅着火，直接盖上锅盖灭火。

(6)家用电器着火，要先切断电源，然后用毛毯、棉被覆盖窒息灭火，如仍未熄灭，再用灭火器灭火。

(7)电视机着火用毛毯、棉被灭火时，人要站在侧面，防止显像管爆裂伤人。

(8)煤气、液化气灶、罐着火，要先关闭阀门，用毛巾、围裙、棉被、衣物等浸水后捂盖，往上浇水灭火，亦可用灭火器灭火。

(9)救火时着火房间门要慢开，以免空气对流加速火焰蔓延和火焰突然窜出伤人。

(10)要将着火处附近的可燃物及液化石油气罐等危险物品及时转移到安全地带。

6. “逃生十策”内容有哪些?

答:(1)平时对所在场所要想好两条以上不同方向的逃生路线。

(2)躲避烟火时不要躲到阁楼、床底下或大衣橱内。

(3)火势不大时要当机立断披上浸湿的衣物或裹上湿毛毯、湿被褥勇敢地冲出去，千万不要披塑料雨衣。

(4)不要留恋财物，尽快逃出火场，千万记住既已逃出决不能再跑回去。

(5)在浓烟中避难逃生，要尽量放低身体，并用湿毛巾捂住口鼻。

(6)如果身上着火，千万不要奔跑，要就地打滚压灭身上的火苗，或跳入附近水池中。

(7)不要盲目跳楼，可用绳子或把床单撕成条状连接起来，紧拴在门窗档、上下水管道或重物上，迅速顺势滑下。

(8)充分利用建筑物自身的大窗、阳台、落水管等进行逃生自救。

(9)如被火围困在楼上,可向室外扔抛沙发垫、枕头等物品或其他小物品,夜间则可打手电,发出求救信号。

(10)若逃生路线被火封锁,立即退回室内,关闭门窗,堵住缝隙,有条件的向门窗上不停浇水,并发出求救信号。

第四节　汛期安全

1. 防汛工作的方针和原则是什么?

答:防汛工作实行"安全第一、常备不懈、以防为主、全力抢险"的方针,遵循团结协作和局部利益服从全局利益的原则。

2. 防汛工作实行什么制度?

答:防汛工作实行各级人民政府行政首长负责制,实行统一指挥,分级分部门负责。各有关部门实行防汛岗位责任制。

第五节　防寒安全

1. 冬季作业的特点是什么?

答:笨、滑、凝、畏、高。

2. 冬季作业要做好哪些准备?

答:做好思想准备,做好组织准备,做好技术准备,做好物资准备。

第六节　电气化安全

1. 在电气化铁路上,与牵引供电设备间的安全距离有何规定?

答:为保证人身安全,除牵引供电专业人员按规定作业外,任何人员及所携带的物件、作业工器具等须与牵引供电设备高压带电部分保持 2 m 以上的距离,与回流线、架空地线、保护线保持 1 m

以上距离，距离不足时，牵引供电设备须停电。

2. 牵引供电设备故障时，有何要求？

答：牵引供电设备故障时，与牵引供电设备相连接的支柱、接地引下线、综合接地线等可能出现高电压，未采取安全措施前，禁止与其接触，并保持安全距离。

3. 发现牵引供电设备断线及其部件损坏等情况，应如何处理？

答：发现牵引供电设备断线及其部件损坏，或发现牵引供电设备上挂有线头、绳索、塑料布或脱落搭接等异物，均不得与之接触，应立即通知附近车站，在牵引供电设备检修人员到达未采取措施以前，任何人员均应距已断线索或异物处所 10 m 以外。

4. 电气化铁路附近发生火灾，须遵守哪些规定？

答：(1)距牵引供电设备带电部分不足 4 m 的燃着物体，使用水或灭火器灭火时，牵引供电设备必须停电。

(2)距牵引供电设备带电部分超过 2 m 的燃着物体，使用沙土灭火时，牵引供电设备可不停电，但须保持灭火机具及沙土等与带电部分的距离在 2 m 以上。

5. 通过电气化铁路平交道口，须遵守哪些规定？

答：(1)通过道口车辆限界及货物装载高度(从地面算起)不得超过 4.5 m，超过时，应绕行立交道口或进行货物倒装。

(2)通过道口车辆上部或其货物装载高度(从地面算起)超过 2 m 通过平交道口时，车辆上部及装载货物上严禁坐人。

(3)行人持有长大、飘动等物件通过道口时，不得高举挥动，应与牵引供电设备带电部分保持 2 m 以上的距离。

第七节　网络安全

1. 网络安全工作遵循的方针是什么？

答：遵循“积极利用、科学发展、依法管理、确保安全”的方针。

2. 网络安全工作坚持哪些原则?

答:坚持"谁主管、谁负责,谁运营、谁负责,管业务必须管网络安全"的原则。

3. 网络安全工作要落实哪些要求?

答:落实"同步规划、同步建设、同步使用"的要求,实现网络安全和信息化工作协调发展。

第二章　货运基础规章

1. 货装职工守则的内容是什么?

答:(1)认真执行党和国家的路线、方针、政策,遵守法纪,弘扬正气,提高思想素质,崇尚社会公德。

(2)爱岗敬业,恪尽职守。以主人翁姿态积极参与经营管理,增强市场营销意识,安全、迅速、经济、便利地组织货物运输。

(3)讲究职业道德,廉洁奉公。不徇私情,不以权以车谋私,不刁难货主,不敲诈勒索,不贪污受贿,不盗窃货物。

(4)着装规范,佩戴标志,仪容端庄,举止文明,保持个人良好形象。

(5)尊客爱货,主动热情,耐心周到,虚心听取货主意见,积极为货主排忧解难,提供优质服务。

(6)严格遵守规章制度和劳动纪律,杜绝违章违纪行为,消除隐患,确保货物和运输安全。

(7)顾全大局,服从领导,听从指挥,团结互助,加强联劳协作。

(8)勤奋学习,钻研业务,不断提高理论水平和实际操作技能。

2. 货运设备包括哪些?

答:货运设备包括仓库、货棚、站台、货物线、堆货场及通道、房屋、装卸机具、衡器、军用加固材料、防湿篷布,上水、加冰、洗刷除污以及用于货运业务的电子计算机等各项设施。

3. 何谓鲜活货物?

答:鲜活货物指在铁路运输过程中需要采取制冷、加温、保温、通风、上水等特殊措施,以防止出现腐烂、变质、冻损、生理病害、病残死亡等问题的货物。

4. 何谓易腐货物?

答:易腐货物包括肉、蛋、乳制品、速冻食品、冻水产品、鲜蔬菜、鲜水果、花卉植物等,按其热状态分为冻结货物、冷却货物和未冷却货物。

5. 何谓冻结货物?

答:冻结货物是指经过冷冻加工成为冻结状态的易腐货物。

6. 何谓冷却货物?

答:冷却货物是指经过冷却处理,温度在冻结点以上的易腐货物。

7. 何谓未冷却货物?

答:未冷却货物是指未经过任何冷处理,完全处于自然状态的易腐货物。

8. 何谓危险货物?

答:危险货物是指具有爆炸、易燃、毒害、感染、腐蚀、放射性等危险特性,在铁路运输、装卸和储存保管过程中,容易造成人身伤亡、财产毁损或者环境污染而需要特别防护的物质和物品。

9. 何谓易燃普通货物?

答:不属于《铁路危险货物运输管理规则》中规定的9类危险货物,在铁路运输过程中易引起燃烧、需采取防火措施的货物,属易燃普通货物。

10. 何谓危险货物办理站?

答:危险货物办理站是站内或接轨的专用线(含专用铁路)办理危险货物发送(含换装)、到达业务的车站。

11. 何谓超限货物?

答:货物装车后,车辆停留在水平直线上,货物的任何部位超出机车车辆限界基本轮廓者或车辆行经半径为300 m的曲线时,货物的计算宽度超出机车车辆限界基本轮廓者,均为超限货物。

12. 何谓超重货物?

答:装车后,重车总重活载效应超过桥涵设计标准活载(中—活载)的货物,称为超重货物。

13. 何谓国际联运?

答:在两国或两国以上铁路全程运输货物中,共同使用一份运送票据,而且一国铁路向另一国铁路移交车辆,不需要发、收货人参加,各参加国铁路均负连带责任办理的运送,称为国际铁路货物联运(简称国际联运)。

14. 何谓集装箱?

答:《铁路集装箱运输规则》所称的集装箱是指具备下列条件的运输设备:

(1)具有足够的强度,在有效使用期内可以反复使用;

(2)适于一种或多种运输方式运送货物,途中无需倒装;

(3)设有供快速装卸的装置,便于从一种运输方式转到另一种运输方式;

(4)便于箱内货物装满和卸空;

(5)容积不小于 1 m^3。

集装箱不包括车辆和一般包装。

15. 何谓零散货物?

答:《铁路零散货物快运管理暂行规则》所称的零散货物,是指大宗货物以外的货物。

16. 何谓点对点快运?

答:点对点快运,是指同车所装零散货物全部为同一到站且一站直达的装运方式。

17. 何谓货物快运列车?

答:货物快运列车,是指按"五固定"(固定车次、固定始发时刻、固定运行区段、固定编组内容、固定作业地点)客车化模式开行的列车,分为跨局快运列车和管内环线列车。

18. 何谓零散货物快运中心站?

答:零散货物快运中心站是指铁路局集团公司管内环线列车和跨局快运列车的发到站和集中作业站,负责铁路局集团公司管内环线列车和跨局快运列车的货物中转、集散分拨、解编取送、车流交换、设备整备等作业。

19. 何谓零散货物作业站?

答:作业站是指铁路局集团公司管内环线列车图定停车站,负责零散货物的受理、承运、制票、集结、保管、装卸、交付等作业。

20. 何谓零散货物快运接续作业站?

答:接续站是指相邻两局管内环线列车交汇点,负责邻局间货物的中转交换作业。

21. 何谓零散货物快运办理站?

答:零散货物快运办理站是指向作业站集送货物的铁路车站受理网点,负责零散货物的受理、保管、制票等作业。

22. 何谓零散货物快运无轨办理站?

答:零散货物快运无轨站是指在铁路车站营业场所以外的货源集散地设立的铁路物流经营服务网点。

23. 何谓铁路篷布?

答:铁路篷布是承运人提供的篷布。

24. 何谓自备篷布?

答:自备篷布是托运人自购自用的篷布。

25. 何谓承运?

答:零担和集装箱运输的货物,由发站接收完毕,整车货物装车完毕,发站在货物运单上加盖车站日期戳时起,即为承运。

26. 何谓交付完毕?

答:承运人组织卸车和发站由承运人组织装车、到站由收货人组织卸车的货物,在向收货人点交货物或办理交接手续后即为交付完毕;发站由托运人组织装车,到站由收货人组织卸车的货物,在货车交接地点交接完毕,即为交付完毕。

27. 何谓铁路货物运单?

答:铁路货物运单,是铁路货物运输合同或运输合同的组成部分，也是铁路收取货物运输费用的结算单据之一，系一整套票据，由带编号的六联和不带编号的需求联组成，可以按照需求分别打印各联。

28. 何谓货运损失？

答：货物在铁路运输过程中（自铁路运输企业接收货物时起，至将货物交付收货人时止）发生灭失、短少或者损坏属于货运损失。

29. 限额赔偿是如何规定的？

答：不保价运输的，不按件数只按重量承运的货物，每吨最高赔偿 100 元，按件数和重量承运的货物，每吨最高赔偿 2 000 元；个人托运的搬家货物、行李每 10 kg 最高赔偿 30 元，实际损失低于上述赔偿限额的，按货物实际损失的价格赔偿。

货物的损失由于承运人的故意行为或重大过失造成的，不适用赔偿限额的规定，按照实际损失赔偿。

30. 何谓铁路保价运输？

答：铁路保价运输是指托运人在托运行包、货物时向铁路运输企业声明实际价格，并缴纳保价费，当行包、货物在运输过程中发生损失时，铁路运输企业以托运人的声明价格为基础计算赔偿损失。

31. 何谓货运记录（商务记录）？

答：货物在运输过程中，发生货损、货差、有货无票、有票无货或其他情况，需要证明承运人同托运人或收货人之间责任和铁路内部之间责任时，发现车站在发现次日内按批（车）所编制的记录。

32. 何谓普通记录？

答：货物在运输过程中，发生换装、整理或在货运交接检查中需要划分责任以及依照其他规定需要编制时，在发生（发现）当日按批（车）所编制的一种现状交接凭证。

33. 哪些货物属于无法交付货物?

答:(1)从承运人发出领货通知次日起(不能实行领货通知的,从卸车完了的次日起),经过查找,满30日(搬家货物满60日)仍无人领取的货物。

(2)收货人拒领,托运人又未按规定期限提出处理意见的货物。

(3)赔偿后又找回但收货人拒领的货物。

34. 何谓货物线?

答:货物线为装卸货物时使用的线路。

35. 何谓专用线?

答:专用线是指由企业或者其他单位修建、管理的与国家铁路或者其他铁路接轨的岔线。

36. 何谓专用铁路?

答:专用铁路是指由企业或者其他单位修建、管理,专为本企业或者单位内部提供运输服务的铁路。一般都自备动力,自备运输工具,在内部形成运输生产的一套系统的运输组织。

37. 鲜活货物如何分类?

答:鲜活货物分为易腐货物和活动物两大类。

38. 《铁路鲜活货物运输规则》中活动物包括哪些?

答:活动物包括禽、畜、兽、蜜蜂、水产品等。

39. 铁路危险货物按其具有的危险性或主要危险性分为哪几类?

答:第1类　爆炸品。

第2类　气体。

第3类　易燃液体。

第4类　易燃固体、易于自燃的物质、遇水放出易燃气体的物质。

第5类　氧化性物质和有机过氧化物。

第 6 类　毒性物质和感染性物质。

第 7 类　放射性物质(物品)。

第 8 类　腐蚀性物质。

第 9 类　杂项危险物质和物品。

40. 危险货物办理站按类型分为哪几种?

答:危险货物办理站(简称办理站)是站内或接轨的专用线(含专用铁路)办理危险货物发送(含换装)、到达业务的车站。按类型分为三种:

(1)站内办理站:仅在站内办理危险货物业务的车站。

(2)专用线接轨站:仅在接轨的专用线办理危险货物业务的车站。

(3)兼办站:在站内和接轨的专用线均办理危险货物业务的车站。

41. 根据货物的超限程度,超限货物分为哪几个等级?

答:根据货物的超限程度,超限货物分为三个等级:一级超限、二级超限和超级超限。

(1)一级超限:自轨面起高度在 1 250 mm 以上超限但未超出一级超限限界者;

(2)二级超限:超出一级超限限界而未超出二级超限限界者,以及自轨面起高度在 150 mm 至未满 230 mm 间超限但未超出二级超限限界者;

(3)超级超限:超出二级超限限界者,以及自轨面起高度在 230 mm 至1 250 mm 间超限者。

42. 根据货物超限部位所在的高度,超限货物分为哪几种类型?

答:根据货物超限部位所在的高度,超限货物分为三种类型:上部超限、中部超限和下部超限。

(1)上部超限:自轨面起高度超过 3 600 mm,任何部位超限者；

(2)中部超限：自轨面起高度超过 1 250 mm 至 3 600 mm 之间，任何部位超限者；

(3)下部超限：自轨面起高度在 150 mm 至 1 250 mm 之间，任何部位超限者。

43. 根据货物的超重程度，超重货物分为哪几个等级？

答：根据货物的超重程度，超重货物分为三个等级：一级超重、二级超重和超级超重。

(1)一级超重：$1.00 < Q \leqslant 1.05$；

(2)二级超重：$1.05 < Q \leqslant 1.09$；

(3)超级超重：$Q > 1.09$。

注：Q 为活载系数。

44. 货物损失分为哪几类？

答：货物损失分为五类：

(1)火灾。

(2)被盗(有被盗痕迹)。

(3)丢失(全批未到或部分短少、漏失，没有被盗痕迹)。

(4)损坏(破裂、变形、磨伤、摔损、部件破损、湿损、冻损、腐烂、植物枯死、活动物死亡、变质、污染、染毒等)。

(5)其他(办理差错及其他原因造成的货物损失)。

45. 货物损失分为哪几级？

答：货物损失分为四级：

(1)一级损失。货物损失款额(简称损失款额)10 万元以上的。

(2)二级损失。损失款额 1 万元以上未满 10 万元的。

(3)三级损失。损失款额 1 000 元以上未满 1 万元的。

(4)轻微损失。损失款额未满 1 000 元的。

46. 零散货物快运分为哪两种方式？

答：零散货物快运分为环线快运和点对点快运两种方式。

47. 货物快运列车分为哪两种?

答:货物快运列车分为跨局快运列车和管内环线列车。

48. 零散货物快运车站主要包括哪几种?

答:零散货物快运车站(简称快运车站)包括零散货物快运中心站(简称中心站)、零散货物快运作业站(简称作业站)、零散货物快运接续作业站(简称接续站)、零散货物快运办理站(简称办理站)、零散货物快运无轨办理站(以下简称无轨站)。

49. 铁路运输的集装箱,按长度分为哪几种?

答:铁路运输的集装箱按长度分为20英尺箱、40英尺箱、45英尺箱以及经铁路总公司货运部批准运输的其他长度的集装箱。

50. 铁路运输的集装箱,按箱主分为哪几种?

答:按箱主分为铁路箱和自备箱,其中铁路箱是承运人提供的集装箱,自备箱是托运人自有或租用的集装箱。

51. 铁路运输的集装箱,按所装货物种类和箱体结构分为哪几种?

答:按所装货物种类和箱体结构分为普通货物箱和特种货物箱。普通货物箱包括通用箱和专用箱,专用箱包括封闭式通风箱、敞顶箱、台架箱和平台箱等;特种货物箱包括保温箱、罐式箱、干散货箱和按货物种类命名的集装箱等。

52. 铁路运输的集装箱,按是否符合国家标准分为哪几种?

答:按是否符合国家标准分为标准箱和非标准箱。

53. 军事运输分为哪几个等级?

答:根据任务性质和装备物资性能,铁路军事运输依次为特殊、重点和一般三个运输等级。

54. 铁路军事运输实行什么付费方式?

答:军事运输付费实行“现付”和“后付”方式。“现付”由发送单位按照铁路商运规定直接向车站支付;“后付”由运费主管部门定期与铁路部门结算。

55. 铁路车辆如何分类?

答:铁路车辆按用途可分为客车、货车和特种用途车三大类。货车又分为棚车(P)、敞车(C)、平车(N)、毒品车(W)、罐车(G)、冷藏车(B)、集装箱车(X)、矿石车(K)、家畜车(J)、散装水泥车(V)、散装粮食车(L)、长大货物车(D)、特种车(T)、其他货车等。

56. 货运票据电子化实施范围?

答:包括整车、集装箱、批量、零散货物运输,以及不良货车、检修车、机车车辆、用具、货物回送等业务。铁路货运、车务、车辆和机务等相关作业环节依据货运票据电子信息进行管理,组织作业。

军事运输、水陆联运、零散货物快运环线运输、路产专用货车回送暂按既有规定执行。国际联运《铁路货运票据电子化暂行管理办法》未规定的按既有规定执行。

57. 货运票据电子化相关票据主要包括哪些内容?

答:主要包括:货物运单(含国际联运国内段运单)、货车装载清单、特殊货车及运送用具回送清单、货运记录、普通记录、商务记录、物品清单、不良货车通知单、装卸作业单、货车篷布交接单、货车调送单、垫款通知书、车辆检修通知单、检修车回送单、检修车辆竣工验收移交记录、检修车辆竣工移交记录、新造车辆竣工移交记录、货物运输变更要求书、超限超重货物运输记录、调卸作业单、列车编组顺序表等。

58. 货运票据电子化相关信息系统主要包括哪些内容?

答:主要包括:电子货运票据管理系统(简称货票系统)、铁路货运电子商务系统(简称电商系统)、铁路货运站安全监控与管理系统(简称货运站系统)、铁路集装箱运输管理信息系统(简称集装箱系统)、铁路零散货物快运平台(简称零散系统)、铁路集装化用具管理系统(简称集装化系统)、铁路保价运输管理系统(简称保价系统)、接取送达系统、铁路危险货物运输安全管理与监控系统、铁路货运计量安全检测监控系统、铁路货检安全监控与管理系统(简称货检系统)、铁路车站综合管理信息系统(简称现车系统)、铁路确报管理信息系统(简称确报系统)、铁路运输信息集成平台(简称集成平台)、货车技术管理信息系统(简称 HMIS 系统)、车站十八点统计分析系统(简称十八点系统)、口岸站管理信息系统、运输调度管理系统等。

59. 铁路货物运输分为哪几类?

答:铁路货物运输分为整车、零担和集装箱。

60. 整车、零担、集装箱何为一批?

答:按一批托运的货物,必须托运人、收货人、发站、到站和装卸地点相同(整车分卸货物除外)。整车货物每车为一批。跨装、爬装及使用游车的货物,每一车组为一批。零担货物或使用集装箱运输的货物,以每张货物运单为一批。使用集装箱运输的货物,每批必须是同一箱型,至少一箱,最多不得超过铁路一辆货车所能装运的箱数。

61. 危险货物可按哪些运输方式办理?

答:危险货物仅办理整车和集装箱运输。

62. 铁路运输货物可按什么形式承运?

答:铁路运输货物可按件数和重量承运。

63. 铁路零散货物按什么形式受理和承运?

答:零散货物按货物实际重量(体积)进行受理和承运。

64. 哪些整车货物只按重量承运不计件数?

答:(1)散堆装货物;

(2)成件货物规格相同(规格在三种以内的视作规格相同),一批数量超过 2 000 件;规格不同,一批数量超过 1 600 件。

65. 货物运费的计费重量是如何规定的?

答:货物运费的计费重量,整车货物以吨为单位,吨以下四舍五入;零担货物以 10 kg 为单位,不足 10 kg 进为 10 kg;集装箱货物以箱为单位。

66. 哪些货物不得按一批托运?

答:(1)易腐货物与非易腐货物;

(2)危险货物与非危险货物(另有规定者除外);

(3)根据货物的性质不能混装运输的货物;

(4)按保价运输的货物与不按保价运输的货物;

(5)投保运输险货物与未投保运输险货物;

(6)运输条件不同的货物。

67. 哪些货物不得按零散货物快运办理?

答:(1)散堆装货物;

(2)危险货物、超限超重和超长货物;

(3)活动物及需冷藏、保温运输的易腐货物;

(4)易于污染其他货物的污秽货物;

(5)军运、国际联运、需在米轨与准轨换装运输的货物;

(6)在专用线(专用铁路)装卸车的货物;

(7)国家法律法规明令禁止运输的货物;

(8)其他不宜作为零散货物运输的货物。

68. 哪些货物不办理准、米轨间直通运输?

答:(1)鲜活货物及需要冷藏、保温或加温运输的货物;

(2)罐车运输的货物;

(3)每件重量超过 5 t(特别商定除外)、长度超过 16 m 或体积超过米轨装载限界的货物。

69. 哪些货物应按特定运输条件运输?

答:(1)各国驻华使领馆公用或个人物品运输;

(2)外交用品运输;

(3)罐车装运油料卸净标准;

(4)灵柩运输。

70. 《铁路鲜活货物运输规则》规定哪些货物不得混装运输?

答:下列货物不得混装运输:

(1)具有强烈气味的货物和容易吸收异味的货物;

(2)易产生乙烯气体的货物和对乙烯敏感的货物;

(3)水果和肉类,蔬菜和乳制品。

71. 不同热状态的易腐货物是否可按一批托运?

答:不同热状态的易腐货物不得按一批托运。

72. 铁路禁止运输哪些危险货物?

答:禁止运输法律、法规禁止生产和运输的危险物品、危险性质不明以及未采取安全措施的过度敏感或者能自发反应而产生危险的物品。

73. 哪些危险货物可按普通货物运输?

答:铁路危险货物品名表“特殊规定”栏规定符合按普通货物运输条件的,铁路局集团公司应在其包装方法和包装标志满足危险货物要求,并使用整车或集装箱装载单一品名的情况下,批准其可按普通货物条件运输。托运人应在货物运单“托运人记载事项”栏内注明“×××(铁危编号),可按普通货物运输”。

74. 哪些货物不得使用集装箱运输?

答:块煤之外的其他煤和铁矿石品类的货物不得使用集装箱运输,重箱卸船后不掏装箱直接经铁路运输的除外。

75. 承运人不办理哪些货物的运输变更?

答:(1)违反国家法律、行政法规、物资流向、运输限制和蜜蜂的变更;

(2)变更后的货物运到期限大于容许运输期限;

(3)变更一批货物中的一部分;

(4)第二次变更到站。

76. 易腐货物的变更是如何规定的?

答:易腐货物需要变更到站时,可办理一次,但容许运输期限要大于重新计算的运到期限3日以上。

77. 篷布的使用范围有哪些?

答:篷布仅用于苫盖敞车装运的怕湿、易燃货物或其他需要苫盖篷布的货物。

78. 哪些货物不得使用铁路篷布?

答:毒害品、腐蚀性物品及污染性物品不得使用铁路篷布。

79. 车辆应有哪些识别的标记?

答:路徽、车型、车号、制造厂名及日期、定期修理的日期及处所、自重、载重、容积、换长等;车辆应有车号自动识别标签;客车及固定配属的货车上应有所属局段的简称;客车还应有车种、定员、最高运行速度标记;罐车还应有容量计表标记;电气化区段运行的客车、机械冷藏车等应有"电化区段严禁攀登"的标识。

80. 铁路货车分为哪几类?

答:国铁货车,企业自备货车,内存货车,外国铁路货车。

81. 现行铁路货物运输品类共分哪几大类?

答:现行铁路货物运输品类共分煤、石油,焦碳,金属矿石,钢铁及有色金属,非金属矿石,磷矿石,矿物性建筑材料,水泥,木材,粮食,棉花,化肥及农药,盐,化工品,金属制品,工业机械,农业机具,电子、电气机械,鲜活货物,农副产品,饮食品及烟草制品,纺织品、皮革、毛皮及其制品,纸及文教用品,医药品,其他货物 26 类。

82. 货物运单各联的名称及用途是什么?

答:第 1 联,货物运单正本(发站存查联),用途为发站留存的已生效的运输合同;

第 2 联,货物运单副本(收款人报告联),用途为发站收款的已生效的运输合同(财务凭证);

第 3 联,货物运单正本(托运人存查联),用途为托运人留存的已生效的运输合同;

第 4 联,货物运单副本(到站存查联),用途为到站留存的已生效的运输合同;

第 5 联,货物运单副本(收货人存查联),用途为收货人留存的已生效的运输合同;

第 6 联，货物运单副本（领货凭证联），用途为收货人在到站办理领货的凭证；

第 7 联，货物运单（需求联），用途为记录客户提报需求，发站留存。

83. 临时停限装如何办理？

答：车站应按照《货物运价里程表》规定的营业范围办理货运业务。遇有特殊情况必须临时加以限制时，属铁路局集团公司管内的，由铁路局集团公司批准，跨局的须经铁路总公司批准。

由于设备大修、改建等原因限制整车货物到达时，应提前一个月办妥报批手续。

对临时停限装事项，车站应在营业场所对外通告。

84.《铁路货物运价规则》对于铁路货物运输费用有哪些规定？

答：铁路货物运输费用是对铁路运输企业所提供的各项生产服务消耗的补偿，包括车站费用、运行费用、服务费用和额外占用铁路设备的费用等。

铁路货物运输费用由铁路运输企业使用货票和运费杂费收据核收。

国铁营业线的货物运输，除军事运输（后付）、国际铁路联运过境运输及其他铁路总公司另有规定的货物运输费用外，都按本规则计算货物运输费用。

铁路货物运输费用的收费项目及收费标准，应在车站营业场所公告。未经公告，不得实行。

85. 计算货物运输费用的程序是什么？

答：（1）按《货物运价里程表》计算出发站至到站的运价里程。

（2）根据货物运单上填写的货物名称查找《铁路货物运输品名分类与代码表》《铁路货物运输品名检查表》，确定适用的运价号。

（3）整车、零担货物按货物适用的运价号，集装箱货物根据箱型、冷藏车货物根据车种分别在“铁路货物运价率表”中查出适用的运价率(即基价1和基价2)。

(4)货物适用的基价1加基价2与货物的运价里程相乘之积后,再与按《铁路货物运价规则》确定的计费重量(集装箱为箱数)相乘,计算出运费。

(5)杂费按《铁路货物运价规则》的规定计算。

86. 货物运到期限如何计算?

答:货物运到期限从承运人承运货物的次日起,按下列规定计算:

(1)货物发送期间为1日。

(2)货物运输期间:每250运价公里或其未满为1日;按快运办理的整车货物每500运价公里或其未满为1日。

(3)特殊作业时间:

①需要中途加冰的货物,每加冰一次,另加1日。

②运价里程超过250 km的零担货物和一吨集装箱货物另加2日;超过1 000 km加3日。

③一件货物重量超过2 t、体积超过3 m^3或长度超过9 m的零担货物及零担危险货物另加2日。

④整车分卸货物,每增加一个分卸站,另加1日。

⑤准、米轨直通运输的整车货物,另加1日。

货物运到期限,起码天数为3日。

87. 什么情况下运价里程按实际经由计算?

答:下列情况发站在货物运单内注明,运价里程按实际经由计算:

(1)因货物性质(如鲜活货物、超限货物等)必须绕路运输时。

(2)因自然灾害或其他非铁路责任,托运人要求绕路运输时。

(3)属于“五定”班列运输的货物,按班列经路运输时。

承运后的货物发生绕路运输时,仍按货物运单内记载的径路计算运输费用。

88.《中华人民共和国铁路法》规定哪些原因造成的货物损失，铁路运输企业不承担赔偿责任？

答：(1)不可抗力。

(2)货物或者包裹、行李中的物品本身的自然属性，或者合理损耗。

(3)托运人、收货人或者旅客的过错。

89. 货物变更到站或取消托运后保价费是否退还托运人？

答：货物变更到站后，保价运输继续有效。托运人在承运后发送前取消托运或因铁路运输企业责任造成的取消托运，如货物未发生损失，保价费应全部退还托运人；如货物发生损失并按有关规定处理的，保价费不再退还。

90. 对承运人责任明确的货物损失，应如何处理？

答：对于承运人责任明确的货物损失，应先对外赔付，后划分铁路内部责任，做到主动、及时、真实、合理。

91. 可通过哪些渠道开展保价运输业务受理？

答：铁路局集团公司可利用货运营业窗口、95306 网站及客服电话、上门服务等渠道，全面开展保价运输业务受理。

92. 货物办理保价运输时有何规定？

答：托运人托运货物时可选择保价运输。当选择保价运输时，铁路运输企业应按《铁路保价运输规则》规定，按照托运人的声明价格办理保价运输手续并收取保价费。

保价运输应以全批行包、货物的实际价格办理，不应只保其中一部分。行包、货物的实际价格以托运人声明的价格为准，托运人对行包、货物声明实际价格的真实性负责。

铁路运输企业受理行包、货物保价运输时，应检查有关事项是否清楚、齐全。如对保价金额有异议，可要求托运人提交证明价格的有关依据。

93. 依据《铁路保价运输规则》，哪些原因造成的保价货物损失，铁路运输企业依法不承担赔偿责任？

答：(1)不可抗力；

(2)货物或行包中的物品本身的自然属性，或者合理损耗；

(3)托运人(含押运人)、收货人或者旅客的过错。

94. 货物装载加固的基本技术要求是什么？

答：货物装载加固的基本技术要求是：使货物均衡、稳定、合理地分布在货车上，不超载，不偏载，不偏重，不集重；能够经受正常调车作业以及列车运行中所产生各种力的作用，在运输全过程中，不发生移动、滚动、倾覆、倒塌或坠落等情况。

95. 货物的装载高度、宽度和计算宽度有何规定？

答：货物的装载高度、宽度和计算宽度，除超限货物外，不得超过货物装载限界和特定区段装载限制。

96. 货车装载的货物重量有何规定？

答：货车装载的货物重量(包括货物包装、防护物、装载加固材料及装置)不得超过其容许载重量。

97. 我国的国境站有哪些？

答：丹东、集安、图们、凭祥、山腰、满洲里、绥芬河、二连、阿拉山口、霍尔果斯。

98. 国际货协运单由哪几联组成？

答：第 1 张：运单正本(给收货人)；第 2 张：运行报单(给向收货人交付货物的承运人)；第 3 张：运单副本(给发货人)；第 4 张：货物交付单(给向收货人交付货物的承运人)；第 5 张：货物到达通知单(给收货人、到达承运人)；第 6 张：货物发送通知单(给承运人)；运行报单(补充)。

第二篇

个性部分

第一章　货运计划员

第一节　应知知识

1. 货运日常工作组织人员的基本要求有哪些?

答:(1)自觉地维护国家和人民的利益,坚决执行国家的运输政策,遵章守纪,坚持原则,实事求是,一切从实际出发。

(2)更新观念,转变工作作风,牢固树立服务意识,在日常工作中坚持为市场服务、为企业服务、为货主服务。

(3)深入调查研究,掌握货源货流规律,熟悉管内车站及港口、口岸、厂矿企业的装卸设备、劳动力等情况,了解企业生产和销售情况,及时向上级反馈有关运输信息。

(4)精通本职业务,熟悉有关规章制度,及时总结和推广先进经验,不断提高业务素质。

2. 货运日常工作组织的基本任务是什么?

答:根据国家有关运输方针政策及铁路运输组织原则,与运输调度及货运计划部门紧密衔接,通过装车工作组织、卸车工作组织、货运调度工作组织,努力挖潜提效,高质量、高标准地完成铁路运输生产经营计划和重点物资运输任务。

3. 货运日常工作组织原则是什么?

答:(1)贯彻执行国家运输政策和铁路运输法律及规章制度。

(2)贯彻"统筹安排、保证重点"的方针,优先安排关系国民经济、国防需要和人民日常生活必需品等重点物资及重点企业、重点用户的物资运输。

(3)坚持运输集中统一指挥的原则。

(4)坚持“一卸、二排、三装”的运输组织原则。

(5)坚持计划运输、直达运输和均衡运输的原则。

4. 货运日常工作部门应掌握哪些日常货源情况?

答:各级货运日常工作部门,负责掌握日常货源情况:

(1)纳入“五定”班列和大宗货物直达列车的货物;

(2)批准的月编货运计划、日常货运计划的货物;

(3)铁路总公司、铁路局集团公司命令批准必须紧急装运的货物。

5. 何谓运输合同?

答:运输合同是承运人将旅客或者货物从起运地点运输到约定地点,旅客、托运人或者收货人支付票款或者运输费用的合同。

铁路运输合同是明确铁路运输企业与旅客、托运人之间权利义务关系的协议。

6. 何谓承运?

答:零担和集装箱运输的货物,由发站接收完毕,整车货物装车完毕,发站在货物运单上加盖车站日期戳时起,即为承运。

7. 办理整车运输的条件是什么?

答:一批货物的重量、体积或形状需要以一辆以上货车运输的,应按整车托运。

8. 按零担运输的条件是什么?

答:不够整车运输条件按零担运输时,一件体积最小不得小于0.02 m^3(一件重量在10 kg以上的除外),每批不得超过300件。

9. 哪些货物不能按零担托运?

答:下列货物不得按零担托运:

(1)需要冷藏、保温或加温运输的货物;

(2)规定限按整车办理的危险货物;

(3)易于污染其他货物的污秽品(例如未经过消毒处理或未使

用密封不漏包装的牲骨、湿毛皮、粪便、炭黑等)；

(4)蜜蜂；

(5)不易计算件数的货物；

(6)未装容器的活动物(铁路局集团公司规定在管内可按零担运输的除外)；

(7)一件货物重量超过 2 t,体积超过 3 m^3 或长度超过 9 m 的货物(经发站确认不致影响中转站和到站装卸车作业的除外)。

10. 哪些货物不办理准、米轨间直通运输?

答:(1)鲜活货物及需要冷藏、保温或加温运输的货物；

(2)罐车运输的货物；

(3)每件重量超过 5 t(特别商定者除外),长度超过 16 m 或体积超过米轨装载限界的货物。

11. 按一批托运的条件是什么?

答:按一批托运的货物,必须托运人、收货人、发站、到站和装卸地点相同(整车分卸货物除外)。整车货物每车为一批。跨装、爬装及使用游车的货物,每一车组为一批。

零担货物或使用集装箱运输的货物,以每张货物运单为一批。使用集装箱运输的货物,每批必须是同一箱型,至少一箱,最多不得超过铁路一辆货车所能装运的箱数。

12. 办理整车分卸的条件是什么?

答:不得按零担托运的货物,除蜜蜂、使用冷藏车装运需要制冷或保温的货物和不易计算件数的货物外,其数量不够一车,如托运人要求将同一径路上两个或三个到站在站内卸车的货物,装在同一货车内,作为一批运输时,可按整车分卸托运。

13. 准、米轨间直通运输的整车货物,一批的重量或体积应符合哪些规定?

答:准、米轨间直通运输的整车货物,一批的重量或体积应符合下列要求:

(1)重质货物重量为 30、50、60 t(不适用货车增载的规定);

(2)轻浮货物体积为 60、95、115 m^3。

14. 哪些货物应优先运输?

答:对于抢险救灾物资、直接用于农业生产的物资、鲜活货物以及其他需要急运的物资,应优先运输。

15. 哪些货物不能按一批托运?

答:下列货物不得按一批托运:

(1)易腐货物与非易腐货物;

(2)危险货物与非危险货物(另有规定者除外);

(3)根据货物的性质不能混装运输的货物;

(4)按保价运输的货物与不按保价运输的货物;

(5)投保运输险货物与未投保运输险货物;

(6)运输条件不同的货物。

16. 签订铁路货物运输协议、运输合同有何规定?

答:托运人以铁路运输货物,可按年度、半年度、季度或月度签订货物运输协议,也可以签订更长期限的运输协议;在协议期内,托运人可与承运人按阶段确定需求,交运货物时,向承运人按批提出货物运单,作为运输合同的组成部分。其他货物使用货物运单作为运输合同。

17. 哪些货物按整车运输时只按重量承运,不计算件数?

答:(1)散堆装货物;

(2)成件货物规格相同(规格在三种以内的视作规格相同),一批数量超过 2 000 件;规格不同,一批数量超过 1 600 件。

下列整车货物,无论规格是否相同,按一批托运时,每件平均重量在 10 kg 以上,托运人能按件点交给车站的,承运人都按重量和件数承运:

①针、纺织品,衣、袜、鞋、帽;

②钟表、中西成药、卷烟、文具、乐器、工艺美术品;

③面粉、肥皂、糖果、橡胶、油漆、染料、轮胎、罐头食品、瓶装酒类、医疗器械、洗衣粉、缝纫机头、空钢瓶、化学试剂、玻璃仪器、241 L空铁桶。

④电视机、收音机、录音机、电唱机、电风扇、计算机、照相机。

(2)明定品名的货物与未明定品名的货物作为一批托运时，按散堆装货物规定办理。

托运人组织装车，到站由收货人组织卸车的货物，按托运人在货物运单上填记的件数承运。

18. 托运易腐货物、“短寿命”放射性货物时，对运输期限有何要求?

答:托运易腐货物、“短寿命”放射性货物时，应记明货物的容许运输期限。容许运输期限至少须大于货物运到期限三天。

19. 托运货物时，货物运输包装标准是如何规定的?

答:托运货物应根据货物的性质、重量、运输种类、运输距离、气候以及货车装载等条件，使用符合运输要求、便于装卸和保证货物安全的运输包装。有国家包装标准或铁路总公司包装标准(行业包装标准)的，按国家标准或铁路总公司标准(行业标准)进行包装。

货物的运输包装不符合要求时，应由托运人改善后承运。

对没有统一规定包装标准的，车站应会同托运人研究制定货物运输包装暂行标准，共同执行。对于需要试运的货物运输包装，除另定者外，车站可与托运人商定条件组织试运。

承运人同托运人应积极开展集装化运输，保证货物安全。

货物状态有缺陷，但不致影响货物安全，可以由托运人在货物运单内具体注明后承运。

20. 货物装车和卸车的组织工作由谁负责?

答:货物装车和卸车的组织工作，在车站公共装卸场所以内由承运人负责。但罐车运输的货物、冻结易腐货物、未装容器的活动物、蜜蜂、鱼苗、一件重量超过 1 t 的放射性同位素，以及用人力装卸带有动力的机械和车辆，均由托运人或收货人负责组织装车或卸车。

其他货物由于性质特殊，经托运人或收货人要求，并经承运人同意，也可由托运人或收货人组织装车或卸车。

21. 运输哪些货物须派人押运？对押运人数有何要求？

答：活动物、需要浇水运输的鲜活植物、生火加温运输的货物、挂运的机车和轨道起重机以及特殊规定应派押运人的货物，托运人必须派人押运。押运人数，除特定者外，每批不应超过 2 人。托运人要求增派押运人或对上述以外的货物要求派人押运时，须经承运人承认。

22. 哪些货物运输必须使用棚车装运？

答：对保密物资、涉外物资、精密仪器、展览品，能用棚车装运的必须使用棚车装运，不得用其他货车代替。

23. 装过哪些货物的货车在卸车后需洗刷除污？

答：对装过活动物、鲜鱼介类、污秽品等货物的车辆，以及受易腐货物污染的冷藏车和《铁路危险货物运输规则》中规定必须洗刷消毒的货车，由铁路负责洗刷并按规定或依照卫生（兽医）人员的要求进行消毒，费用由收货人负担。如收货人有洗刷、消毒设备时，也可由收货人自行洗刷、消毒。

24. 承运人不办理哪些情况的货物运输变更？

答：（1）违反国家法律、行政法规、物资流向、运输限制和蜜蜂的变更；

（2）变更后的货物运到期限大于容许运输期限；

（3）变更一批货物中的一部分；

（4）第二次变更到站。

25. 哪种情况下货物运输合同即告解除？

答：承运后发送前托运人可向发站提出取消托运，经承运人同意，货物运输合同即告解除。

26. 办理鲜活货物运输的条件是什么？

答：托运的鲜活货物必须质量良好，无病残，包装适合货物性质并能保证铁路运输安全。按照货物性质、容许运输期限及运送全程的季节和气候条件选择合适的运载工具、装载方法和运送方法，并根据需要采取预冷、制冷、加温、保温、通风、上水、加冰或押运等措施，以最大限度地保持货物质量。

27. 鲜活货物是否能按零担运输？

答：铁路不办理鲜活货物零担运输。

28. 鲜活货物分为哪两大类？具体内容包括哪些？

答：鲜活货物分为易腐货物和活动物两大类：

(1)易腐货物包括肉、蛋、乳制品、速冻食品、冻水产品、鲜蔬菜、鲜水果、花卉植物等，按其热状态分为冻结货物、冷却货物和未冷却货物。冻结货物是指经过冷冻加工成为冻结状态的易腐货物。冷却货物是指经过冷却处理，温度在冻结点以上的易腐货物。未冷却货物是指未经过任何冷处理，完全处于自然状态的易腐货物。

(2)活动物包括禽、畜、兽、蜜蜂、水产品等。

29. 使用机械冷藏车装运易腐货物有何规定？

答：使用机械冷藏车时，不同热状态的易腐货物不得按一批托运。按一批托运的易腐货物，一般限同一品名；不同品名的易腐货物，如运输温度要求接近、货物性质允许混装的，可按一批托运，在同一机械冷藏车内组织混装运输，此时，托运人应与发站和乘务组商定运输条件，签订运输协议，并将运输条件记录在货物运单“托运人记事”栏和“机械冷藏车作业单”内。

一般情况下，下列货物不得混装运输：

(1)具有强烈气味的货物和容易吸收异味的货物；

(2)易产生乙烯气体的货物和对乙烯敏感的货物；

(3)水果和肉类,蔬菜和乳制品。

30. 易腐货物变更到站的规定是什么?

答:易腐货物需要变更到站时,可办理一次,但容许运输期限要大于重新计算的运到期限 3 日以上。

31. 装车后货物总重心投影必须偏离时的安全标准是如何规定的?

答:装车后货物总重心的投影应位于货车纵、横中心线的交叉点上。必须偏离时,横向偏离量不得超过 100 mm;纵向偏离时,每个车辆转向架所承受的货物重量不得超过货车容许载重量的二分之一,且两转向架承受重量之差不得大于 10 t。

32. 根据货物的超限程度,超限货物分为哪几个等级,具体内容是什么?

答:根据货物的超限程度,超限货物分为三个等级:一级超限、二级超限和超级超限。

(1)一级超限:自轨面起高度在 1 250 mm 以上超限但未超出一级超限限界者;

(2)二级超限:超出一级超限限界而未超出二级超限限界者,以及自轨面起高度在 150 mm 至未满 230 mm 间超限但未超出二级超限限界者;

(3)超级超限:超出二级超限限界者,以及自轨面起高度在 230 mm 至1 250 mm 间超限者。

33. 根据货物超限部位所在的高度,超限货物分为几种类型?

答:根据货物超限部位所在的高度,超限货物分为三种类型:上部超限、中部超限和下部超限。

(1)上部超限:自轨面起高度超过 3 600 mm,任何部位超限者;

(2)中部超限:自轨面起高度超过 1 250 mm 至 3 600 mm 之间,任何部位超限者;

(3)下部超限:自轨面起高度在 150 mm 至 1 250 mm 之间,任何部位超限者。

34. 根据货物的超重程度,超重货物分为几个等级?

答:根据货物的超重程度,超重货物分为三个等级:一级超重、二级超重和超级超重。

(1)一级超重:$1.00<Q\leqslant 1.05$;

(2)二级超重:$1.05<Q\leqslant 1.09$;

(3)超级超重:$Q>1.09$。

注:Q为活载系数。

35. 车站办理超限、超重货物发送、到达,应具备哪些条件?

答:车站办理超限、超重货物发送、到达,应具备下列基本条件:

(1)所在铁路线路已开办超限、超重货物运输;

(2)车站已开办货运业务;

(3)车站接发超限、超重列车固定线路和准许通行超限、超重车线路的实际建筑限界和桥涵承载能力满足超限、超重货物运输安全要求;

(4)有合格的超限超重货物运输专业技术人员;

(5)有健全的超限、超重货物运输安全管理制度。

在非货运营业站临时办理铁路工程建设所需的架桥机、铺轨机、桥梁等超限、超重货物到达、发送业务,由铁路局集团公司制定管理办法。

36. 危险货物运输的方式是什么?

答:危险货物仅办理整车和集装箱运输。

37. 危险货物办理站定义及分类是如何规定的?

答:危险货物办理站(简称办理站)是站内或接轨的专用线(含专用铁路,下同)办理危险货物发送(含换装,下同)、到达业务的车站。按类型分为三种:

(1)站内办理站:仅在站内办理危险货物业务的车站。

(2)专用线接轨站:仅在接轨的专用线办理危险货物业务的车站。

(3)兼办站:在站内和接轨的专用线均办理危险货物业务的车站。

38. 哪些危险物品禁止运输?

答:禁止运输法律、法规禁止生产和运输的危险物品、危险性质不明以及未采取安全措施的过度敏感或者能自发反应而产生危险的物品。

39. 危险货物运输运输组织应做好哪些工作?

答:危险货物应快装、快卸、快取、快送、优先编组、优先挂运。

40. 运输哪些危险货物需押运?

答:运输爆炸品(烟花爆竹除外)、硝酸铵、剧毒品(《铁路危险货物品名表》"特殊规定"栏有第 67 条特殊规定的)、罐车装运气体类(含空车)危险货物实行全程押运。装运剧毒品的罐车和罐式箱不需押运。其他危险货物需要押运时按有关规定办理。

41. 托运"短寿命"放射性物品时,有何要求?

答:托运"短寿命"放射性物品时,应在货物运单"托运人记载事项"栏内注明货物容许运输期限。容许运输期限应大于铁路货物运到期限 3 天。

42. 罐车罐体及环带颜色代表什么?

答:装运酸、碱类的罐车罐体为全黄色,罐体两侧纵向中部应涂装有一条宽 300 mm 黑色水平环形色带;装运煤焦油、焦油的罐体为全黑色,罐体两侧纵向中部应涂装有一条宽 300 mm 红色水平环形色带;装运黄磷的罐车罐体为银灰色,罐体中部无环形色带。

装运其他危险货物罐车罐体本底色应为银灰色,罐体两侧纵向中部应涂装有一条宽 300 mm 表示货物主要特性的水平环形色带:红色表示易燃性,绿色表示氧化性,黄色表示毒性,黑色表示腐蚀性。

环带上层 200 mm 宽涂蓝色，下层 100 mm 宽涂红色或黄色分别表示易燃气体或毒性气体。环带 300 mm 为全蓝色时表示非易燃无毒气体。

43. 篷布的运用管理由谁负责？

答：铁路总公司负责全路篷布运用和统一管理。铁路局集团公司负责管内铁路篷布运用管理、自备篷布管理和篷布绳卡、篷布绳网管理。中铁集装箱运输有限责任公司负责铁路篷布购置、维修、报废等资产管理工作。

44. 跨局回送铁路篷布有何规定？

答：跨局回送铁路篷布限采用整车方式，每车一般不少于 100 张，少于 100 张时需经铁路总公司调度批准。使用敞车回送时，苫盖的铁路篷布按回送铁路篷布统计。

45. 货物损失分为哪几类？

答：货物损失分为五类：

(1)火灾。

(2)被盗(有被盗痕迹)。

(3)丢失(全批未到或部分短少、漏失，没有被盗痕迹)。

(4)损坏(破裂、变形、磨伤、摔损、部件破损、湿损、冻损、腐烂、植物枯死、活动物死亡、变质、污染、染毒等)。

(5)其他(办理差错及其他原因造成的货物损失)。

46. 货物损失分为哪几个等级？

答：货物损失分为四级：

(1)一级损失。货物损失款额(简称损失款额)10 万元以上的。

(2)二级损失。损失款额 1 万元以上未满 10 万元的。

(3)三级损失。损失款额 1 000 元以上未满 1 万元的。

(4)轻微损失。损失款额未满 1 000 元的。

47. 太原局集团公司确定的铁路重点物资的范围是什么？

答：铁路重点物资的范围仅限于：抢险救灾、应急、救援类物资，军事运输物资，关系国家经济发展和社会稳定的调运物资。

48. 重点物资运输工作的基本要求是什么？

答：重点物资运输工作的基本要求是：统一领导，逐级负责，周密部署，严格执行，全力确保。

49. 零散快运货物分为哪两类？

答：零散快运货物分为批量零散货物快运与零散货物快运。

50. 受理零散货物有何规定？

答：零散货物按货物实际重量（体积）进行受理和承运。

对于单件重量超过 1.5 t、体积超过 2 m^3 或长度超过 5 m 的零散货物，以及有特殊运输需求的零散货物，由发到站确认后受理，并明确装运条件。

51. 什么是货物快运列车？

答：货物快运列车，是指按“五固定”（固定车次、固定始发时刻、固定运行区段、固定编组内容、固定作业地点）客车化模式开行的列车，分为跨局快运列车和管内环线列车。

52. 零散货物快运分为几种方式？

答：零散货物快运分为环线快运和点对点快运两种方式。环线快运，是指以客车化模式开行的货物快运列车装运零散货物的装运方式；点对点快运，是指同车所装零散货物全部为同一到站且一站直达的装运方式。

53. 哪些货物不能按零散货物快运办理？

答：下列货物不能按零散货物快运办理：

（1）散堆装货物。

（2）危险货物、超限超重和超长货物。

（3）活动物及需冷藏、保温运输的易腐货物。

（4）易于污染其他货物的污秽货物。

（5）军运、国际联运、需在米轨与准轨换装运输的货物。

(6)在专用线(专用铁路)装卸车的货物。

(7)国家法律法规明令禁止运输的货物。

(8)其他不宜作为零散货物运输的货物。

54. 按一批托运的快运货物应符合哪些条件?

答:货物快运以每张货物运单为一批。按一批托运的货物,品类品名、托运人、收货人、发站、到站和装卸地点应完全一致。

55. 按零散货物快运办理货物运输的条件是什么?

答:零散货物,是指大宗货物以外的货物,零散货物快运适用于每一批托运重量不足 40 t 且体积不足 80 m^3。对于批量零散货物快运品类的货物,一批不足 40 t 且体积不足 80 m^3 的,可按零散货物快运办理。对于非批量零散货物快运品类的货物,不足整车时,可按零散货物快运办理。

56. 按一批托运的批量零散快运对货物重量、体积有何规定?

答:批量快运适用于每一批托运重量 40 t 及以上或体积 80 m^3 及以上的货物。

为进一步满足市场需求,对批量品类货物且单批重量不足 40 t 且体积不足 80 m^3 时,亦可比照批量快运办理,最低按 40 t 或 80 m^3 计费。

57. 小型箱的使用条件是什么?

答:小型箱所装货物应符合零散货物快运的运输品类并满足按一批办理的条件,即箱内货物必须托运人、收货人、发站、到站和装卸地点相同。

58. 太原局集团公司购置的小型箱使用范围是什么?

答:太原局集团公司购置的小型箱仅限在局管内作业站间使用。

59. 铁路总公司产权的小型箱的使用范围是什么?

答:铁路总公司产权的小型箱管内、跨局均可办理。

60. 1.5 t 铁路小型箱运输要求是什么?

答:小型箱是铁路专用集装化用具,仅用于装载零散货物,主要在零散货物快运中心站、作业站间运输,根据客户运输需求可开展"门到站""站到站""站到门""门到门"服务。

61. 小型箱13位数字编号的含义是什么?

答:小型箱由铁路总公司统一购置,实行号码制管理。编号由13位数字组成,第1位数字代表集装化用具所属产权,"1"代表铁路产权(包括铁路总公司或铁路局集团公司);第2～3位数字代表集装化用具产权购置企业代码,"00"代表铁路总公司购置,"01"至"18"代表铁路局集团公司购置,具体铁路局集团公司代码为:01哈尔滨、02沈阳、03北京、04太原、05呼和浩特、06郑州、07武汉、08西安、09济南、10上海、11南昌、12广州、13南宁、14成都、15昆明、16兰州、17乌鲁木齐、18青藏;第4～5位数字代表集装化用具类型,"01"代表小型箱;第6～7位数字代表投用年份后2位,如"15"代表2015年投用;第8～13位为顺序号。

62. 集装箱办理站的定义及具备的条件有哪些?

答:集装箱办理站(包括办理集装箱运输的铁路专用线、专用铁路,下同)是办理集装箱运输业务的车站。集装箱在集装箱办理站间办理运输。集装箱办理站应具备下列条件:

(1)有与其运量相适应的,适合集装箱堆存、装卸的场地。

(2)装卸线数量和长度满足生产需要。

(3)具备集装箱称重计量及安全检测条件。

(4)配备集装箱专用装卸机械,起重能力满足所装卸集装箱总重量的要求。20英尺、40英尺集装箱起重量不小于35 t,具备20英尺35 t集装箱办理条件。装卸机械宜具备称重、超偏载检测功能。

仅办理罐式箱运输业务的,可不配备集装箱装卸机械,但应有充装、抽卸设施设备。仅办理干散货箱、敞顶箱发送业务的,可不配备集装箱装卸机械，但应有货物装载设施设备。

(5)具备良好的硬件、软件和计算机网络环境，能够应用集装箱运输相关信息系统。

(6)办理特种货物箱和专用箱时，应配备相应的生产和安全设施设备(如：站台、装卸、接充电设施设备等)。

63. 办理集装箱运输的基本要求是什么?

答：集装箱运输，每批必须是标记总重相同的同一类型集装箱。铁路箱和自备箱不得按一批办理。

集装箱装运两种及以上品名的货物时，托运人应按箱提出物品清单。

集装箱内单件货物重量超过 100 kg 时，托运人应在运单“托运人记载事项”栏内分别注明实际重量。

64. 集装箱运输对所装货物的要求有哪些?

答：集装箱所装货物应符合所用箱型适箱货物要求，不得腐蚀、损坏箱体。铁路通用箱不得装运煤、焦炭等易污染箱体的货物。

下列货物不得混装于同一集装箱内：

(1)易腐货物与非易腐货物；

(2)危险货物与非危险货物；

(3)性质互抵的货物；

(4)运输条件不同的货物。

65. 托运人(收货人)领取铁路箱出站时应如何办理?

答：托运人(收货人)领取铁路箱出站的，车站应与托运人(收货人)签订铁路箱出站使用协议，明确免费使用期限、延期使用费、进出站检查、损坏和丢失赔偿等事项，并可收取一定的保证金。

66. 核收集装箱延期使用费的期限是如何规定的?

答：托运人或收货人使用铁路箱超过下列期限，自超过之日起核收集装箱延期使用费：

(1)站内装箱的,应于约定进货日期当日装完。站内掏箱的,应于领取的当日内掏完。

(2)到达的集装箱,应于承运人发出领货通知的次日起算,2 日内领取集装箱。

(3)集装箱出站的,重去空回或空去重回时,应于领取的次日送回;重去重回时,应于领取的 3 日内送回。铁路局集团公司可延长本款规定的集装箱出站免费使用期限,但最长不得超过领取的 7 日内。

(4)集装箱出站的,因托运人原因空去空回时,应于出站之日起核收集装箱延期使用费。

67. 车站受理自备空箱堆存业务时,应如何办理?

答:车站应敞开受理自备空箱堆存业务,按规定与委托人签订空箱堆存服务协议,使用空箱堆存交接单办理进场、出场交接,提高服务质量,吸引自备箱上路运输。

68. 集装箱运输市场开发要求是什么?

答:铁路局集团公司应强化集装箱项目开发队伍,推行客户代表制,建立健全货源调查机制,掌握管内适箱货源情况,做好客户关系维护工作,加强集装箱运输市场开发,促进集装箱增运增收。

加强接取送达能力建设,大力发展接取送达业务,提高集装箱“门到门”运输比例,积极拓展上门掏箱、装箱业务,提高全程物流服务能力。

69. 20 英尺 35 t 敞顶集装箱如何分类?

答:敞顶箱按箱主分为国铁箱、局属箱和自备箱。国铁箱、局属箱箱号由铁路总公司公布,局属箱箱号范围为 TBJU107000～109999。

70. 20 英尺 35 t 敞顶箱运输组织要求是什么?

答:敞顶箱按项目制组织运输。

71. 20英尺35 t敞顶箱运输协议包括哪些内容?

答:站段应与箱主(或租用企业)签订敞顶箱运输协议,内容包括国铁箱、局属箱、自备箱在管内的发到站、托收货人、发到线别、货物品名、车底数量、周转箱数、发送数量、装车能力,并明确因企业自身原因不能及时卸车应承担货车延期占用费等费用及相关责任。

72. 哪些货物的装箱方案由铁路局集团公司负责组织制定?

答:铁路局集团公司负责组织制定卷钢、带钢及单件重量5 t以上货物的装箱方案。

73. 哪些货物的装箱方案由站段负责组织制定?

答:遇有下列情况之一时,站段应制定装箱方案:

(1)单件重量在300 kg及以上的货物。

(2)货物装载两层及以上或箱体左右、前后不能容满,运行中可能窜动或倒塌的货物。

(3)同箱装载规格、重量不一的货物。

(4)使用液体集装袋装载的货物。

(5)危险货物。

(6)其他有要求的货物。

74. 铁路货车是如何分类的?

答:(1)国铁货车:凡属铁路总公司资产,涂有铁路路徽,按铁路总公司统一规定涂打车型标记、编号的货车。

涂有铁路路徽,按铁路总公司统一规定运用管理并涂打车型标记、编号的企业资产货车,统计为国铁货车。

(2)企业自备货车:凡属企业(包括铁路局集团公司、合资铁路、地方铁路及其下属企业)资产并取得“自备铁路车辆经国家铁路过轨运输证”的货车。

企业自备货车为车号左起第一位为“0”、第二位非“0”,车体标明“×××自备货车”、没有铁路路徽的货车。

军方特殊用途货车(车体标明客车基本记号者除外)比照企业自备车办理。

(3)内存货车:属企业(包括合资、地方铁路及其下属企业)资产但未取得"过轨运输证",仅在本企业内承担社会运输任务的货车。

(4)外国铁路货车:凡属于国外资产的铁路货车。

75. 统计报告的时间节点是如何规定的?

答:《铁路货车统计规则》中各种报表,均以北京时间为标准,采用18点结算制,即自昨日18:00(不含)起至本日18:00止24 h为统计报告日。各种报表通过网络传输,逐级上报。

76. 何谓重车?

答:(1)实际装有货物并具有货物运单的货车;

(2)卸车作业未完的货车;

(3)倒装作业未卸完的货车;

(4)以"特殊货车及运送用具回送清单"手续装载整车回送铁路货车用具(国铁篷布、空集装箱及军用备品等)的货车;

(5)填制货物运单的游车。

77. 何谓空车?

答:(1)实际空闲的货车;

(2)装车作业未完的货车;

(3)倒装作业未装完的货车;

(4)运用状态下的机械冷藏车的工作车;

(5)循环快运列车中装载装卸工具的车辆。

78. 备用货车分为哪几种?

答:备用货车分为特殊备用车、军用备用车、专用货车(包括罐车、冷藏车、集装箱车、矿石车、长大货物车、毒品车、汽车运输车、散装水泥车、散装粮食车和涂有"专用车"字样的一般货车)备用车和国境、港口站备用车。

79. 货车停留时间按作业性质分为什么?

答:货车停留时间按作业性质分为货物作业停留时间和中转停留时间。

80. 何谓货物作业停留时间?

答:货物作业停留时间为运用车在站线(包括区间,下同)、专用线(包括路产专用线,下同)及专用铁路内进行装卸、倒装作业所停留的时间。

81. 何谓入线前停留时间?

答:由货车到达时起至送到装卸地点时止,以及双重作业货车由卸车完了时起至送到另一装车地点时止的时间。

82. 何谓站线作业停留时间?

答:由货车送到装卸地点时起至装卸作业完了时止的时间。

83. 何谓专用线作业停留时间?

答:由货车送到装卸地点时起至装卸作业完了时止的时间。如规定以企业自备机车取送车辆时,以双方将货车送到规定地点的时分计算。

84. 何谓货车出线后停留时间?

答:由货车装卸作业完了时起至发出时止的时间。

85. 何谓装卸作业次数?

答:装卸作业次数为车站在一定时期内所完成的装车、卸车作业及其他货车作业的总次数。

86. 如何确定企业自备货车、企业租用车及内存货车装车作业完了时分?

答:以装车作业完了并填妥货物运单时分为准,有规定交接地点时须以到达交接地点时分为准。

87. 如何确定企业自备货车、企业租用车及内存货车卸车作业完了时分?

答:以卸车作业完了时分为准,有规定交接地点时须以到达交接地点时分为准。

88. 哪些货车不计算装卸车数和作业次数?

答:(1)各种非运用车的装卸(按一般货运手续办理的装车应转为运用车)。

(2)变更到站的重车。

(3)不论是否摘下而进行货物装载整理的货车。

(4)在本企业专用线内或不经过铁路营业线的两个企业间搬运货物的装卸。

89. 货源调查原则是什么?

答:货源调查原则:坚持近期与中长期结合、全面与重点结合、数据与情况结合、经济调查与日常货源组织结合的原则。

90. 货源调查的主要内容包括哪些?

答:(1)货源货流调查。

与地方经济运行部门和行业主管部门、行业协会联系沟通,了解区域及行业发展动态、趋势,以及国家“一带一路”、环保政策、去产能、公路治超等宏观政策可能对铁路货源和结构引起的变化等;调查主要产品产量和固定资产投资规模等直接关系到铁路运量走势的各项经济运行指标及相关产业政策等;调查现有客户的地区分布和数量、运量情况及企业发展规划,重点厂矿企业生产能力,产品、产量的运输流向,所需原材料来源、区域、数量、品质及消耗定额、库存、厂存等储备能力;调查厂矿企业大中型建设工程项目规模、施工进度、所需建筑材料和设备、投产日期、投产后的能力和运量等;调查港口生产及内、外贸运量状况及发展;调查公路、管道、水运等其他运输方式的发展状况,特别是公路货源情况,研判次年公路运价及政府优惠政策带来的变化走势,分析公路和铁路物流成本对比及竞争优劣势。

(2)运输能力调查。

调查掌握货物运输的发送、到达、接卸和通过能力;掌握主要编组站、区段站改编和通过能力；掌握列车运行图新增货物运输能力，货物列车编组计划以及车流径路变化情况；了解机车交路、机车牵引动力以及车辆载重能力变化对运输能力的影响等；了解施工建设进度及对运输生产的影响。对管内新线开通后的新建专用线的建设、发运情况摸底调查，摸清增加和潜在的增量货源，以及主要装卸点、装卸设备设施等能力变化情况，可能影响铁路能力限制因素。

91. 诚信客户和一般客户怎么划分?

答：与铁路局集团公司签订大宗互保协议的客户为诚信客户，其他为一般客户。

92. 运力紧张时，铁路对诚信客户的服务要求是什么?

答：淡季决定旺季，运力紧张时优先满足诚信客户的运输需求。

93. 运力紧张时，铁路对一般客户的服务要求是什么?

答：按照效益最大化的原则，根据需求的品类、分布、收入等情况，合理制定并动态优化需求受理方案，结合运输实际，在优先满足单车收入、标准箱收入高的需求的原则下，由计算机自动编制。

94. 中国铁路 95306 网站的定位是什么?

答：中国铁路 95306 网站是以铁路物流为核心，集成了大宗物资交易、小商品交易、行业资讯、物流服务一体化的电子商务网站。

95. 太原局集团公司对大宗货物和零散白货的分类是如何规定的?

答：铁路运输货物分为大宗货物和零散白货两大类。按照《铁路货物运输品名分类与代码表》中品名分类，经铁路总公司同意，太原局集团公司确定煤、焦炭、金属矿石和钢铁及有色金属四类属大宗货物，其他品类属零散白货。

96. 何谓铁路货物运单?

答：铁路货物运单，是铁路货物运输合同或运输合同的组成部分,也是铁路收取货物运输费用的结算单据之一,系一整套票据,由带编号的6联和不带编号的需求联组成,可以按照需求分别打印各联。

97. 货运票据电子化实施细则中,对哪些货物运输暂按既有规定执行?

答:军事运输、水陆联运、零散货物快运环线运输、路产专用货车回送暂按既有规定执行。国际联运《中国铁路太原局集团有限公司铁路货运票据电子化管理实施细则》未规定的按既有规定执行。

98. 货运票据电子化实施范围有哪些?

答:货运票据电子化实施范围包括整车、集装箱、批量、零散货物运输,以及不良货车、检修车、机车车辆、用具、货物回送等业务。铁路货运、车务、车辆和机务等相关作业环节依据货运票据电子信息进行管理,组织作业。

99. 铁路货运客户的定义是什么?

答:铁路货运客户是指通过铁路运送货物并支付运费的企业或个人。

100. 客户关系管理的核心内涵是什么?

答:客户关系管理的核心内涵是以客户为中心,以服务为手段,不断满足客户的需求,建立和巩固铁路与客户之间长期稳定的关系,达到巩固既有客户、拓展新客户,不断提高运营效率、扩大铁路货运市场份额的目标。

101. 客户分级管理制度的内涵是什么?

答:客户分级管理制度是利用现代信息技术,收集、管理、分析客户信息,根据客户诚信度、对铁路的忠诚度、贡献度等,进行客户评价分级,实行差异化服务策略。

102. 客户信息包括哪两部分?

答:客户信息是实施客户关系管理的依据和基础,主要包括客户的档案信息和铁路运输信息。

103. 客户档案信息的组成及具体内容是什么?

答:客户档案信息由静态信息和动态信息组成。

静态信息主要包括客户名称、企业性质、物流方式、年度产品产量和原料需求量、客户级别、联系人等基本内容,以及铁路装卸车地点及相关情况。

动态信息按月采集,主要包括客户月度产销量、不同运输方式的货物发到量,及其他相关信息。

第二节　应会知识

1. 托运人或收货人的代表人或委托的代理人在车站办理相关业务或履行其他权利、义务时,应提出什么证明文件?

答:托运人或收货人的代表人或委托的代理人办理货物的托运、领取、变更或履行其他权利、义务时,应向车站提出委托书或证明委托的介绍信。

2. 凭证明文件运输的货物,应如何办理?

答:根据中央或省(市)、自治区法令,需凭证明文件运输的货物,托运人应将证明文件与货物运单同时提出,并在货物运单托运人记载事项栏注明文件名称和号码。车站在证明文件背面注明托运数量,并加盖车站日期戳,退还托运人或按规定留发站存查。

3. 车辆代用有何规定?

答:承运人应按照运输合同约定的车种拨配适当的车辆。承运人如无适当货车拨配,在征得托运人同意、保证货物安全、货车完整和装卸作业方便的条件下可以代用。以长大货物车、冷藏车代替其他车辆及改变罐车使用范围时,应经铁路总公司承认;其他车辆代替棚车时,应经铁路局集团公司承认。

车辆代用必须符合《铁路货物装载加固规则》中“货车使用限

制表”的规定。

4. 整车运输的货物,托运人要求在站界内搬运或途中装卸时有何规定?

答:按整车运输的货物,托运人要求在站界内搬运或途中装卸时(包括在不办理货运营业的车站装卸),经核准后,可在铁路局集团公司管内办理。但危险货物不得办理站界内搬运或途中装卸。

途中装卸的货物,可根据托运人的要求,以途中装卸的后方或前方办理货运业务的车站作为发站或到站。

5. 托运人托运挂运的机车、轨道起重机或车辆,车站应如何受理?

答:托运人托运挂运的机车、轨道起重机或车辆,车站凭铁路机务、车辆部门检查合格的记录承运。经铁路检修完毕的自备机车、车辆凭检修部门的检修合格证明承运。

运输需要限速运行的机车、轨道起重机或车辆,及以自有动力行驶的机车,须由铁路局集团公司承认,并电知有关铁路局集团公司。

6. 零散货物快运需求的受理渠道及受理规定分别是什么?

答:零散货物快运需求由铁路客服人员统一受理,受理渠道包括:95306 客服电话、95306 网站、95306 微信“我要发货”、车站受理服务电话、车站营业厅及上门服务等。

(1)客户拨打 95306 客服电话或快运车站受理服务电话时,客服人员应即时接听电话。客户通过“我要发货”提出需求时,客服人员应登录货运电子商务平台,确定是零散货物快运需求后,及时与客户进行联系,补充录入需求信息,提出报价,由客服人员生成内部生产单据并进行确认、分单。

(2)客户直接送货到快运车站时,车站客服人员应即时受理。对无法确定受理的需求,应及时上报至铁路局集团公司货运客服部门处理。

(3)对零散货物快运上门服务需求，客服人员应提前联系客户，确定上门时间等事宜，由客户代表上门受理。

7. 受理零散货物或上门取货时，受理人员应做哪些工作？

答：受理货物或上门取货时，应认真核对货物品名、性质、重量、数量、规格尺寸、到站(到达地点)和特殊运输需求等信息，确认运输和包装防护条件符合安全要求，协助客户办理托运手续，并对货物进行安全检查。

8. 车站受理货物运单时，应确认哪些内容？

答：车站受理货物运单时，应确认托运的货物是否符合运输条件，各栏填写是否齐全、正确、清楚，领货凭证与运单相关栏是否一致。对营业办理限制(包括临时停限装)、起重能力、专用线专用铁路办理范围、证明文件等有关内容进行审查。对到站、到局和到站所属省、市、自治区各栏内容应相互核对。

9. 承运易腐货物应检查哪些内容？

答：承运易腐货物时，车站要按照《铁路鲜活货物运输规则》(简称《鲜规》)的有关规定办理。对《鲜规》未列品名而易于腐坏、变质的货物，车站应认真审定运输条件。

易腐货物装车时，要检查装载方法是否符合规定要求。以冷藏车装运的，应检查装车单位填写的冷藏车作业单是否齐全、正确。使用加冰冷藏车的，应检查托运人是否加足冰盐，并将作业单附在运输票据中随车递送。途中加冰时，加冰站应认真填写加冰作业记录。使用机械冷藏车的，应将该作业单交机械冷藏车乘务组递交到站。到站应负责检查冷藏车情况，在作业单上填记到站作业记录，并妥善保存。

10. 承运危险货物应检查哪些内容？

答：承运危险货物时，车站要按照《铁路危险货物运输管理规则》的规定，对品名、编号、类项、包装、标志以及“托运人记载事项”栏的内容进行检查。对《铁路危险货物品名表》中未列载的危险货物或改变危险货物包装时，应按有关规定的运输条件办理。

办理危险货物的车站，应根据具体情况，制定承运、交付、包装检查、内部交接、装卸作业及存放保管等安全措施和管理制度。

11. 发现货物被盗、火灾等情况，发现单位(人)应如何处理?

答:发现货物被盗、火灾等情况，发现单位(人)应立即向公安、消防部门报案。货物损失涉及铁路交通事故的，应通知铁路局集团公司列车调度、安全监督管理部门；涉及车辆技术状态的，应通知车辆部门；涉及活动物或食品污染变质的，应通知防疫、检疫部门；涉及参加保险的货物，必要时应通知保险公司；涉及海关监管的货物，应通知海关监管部门；涉及环境污染的货物，应通知环保部门；必要时还应通知托运人(收货人)。

12. 开办集装箱办理站时，申请报告中应包括哪些内容?

答:(1)线别名称。站内办理为车站名称，专用线办理为铁路总公司公布的专用线名称，专用铁路还应说明集装箱装卸站点或股道。

(2)作业能力。集装箱装卸线路有效长与容车数、站台与堆场原则上应满足整列作业条件。特殊情况由铁路局集团公司研究决定。

(3)箱型箱种。分为 20 英尺、40 英尺集装箱(含特种箱)以及 20 英尺 35 t 集装箱(含 20 英尺 35 t 敞顶集装箱、干散箱、通用箱)，没有特殊限制应同时开办。

(4)机械条件。集装箱装卸机械类型、数量与最大起重能力(集装箱吊具下的额定起重量，下同)。集装箱门吊吊具应有防摇功能，集装箱门吊与正面吊应具备集装箱超偏载检测功能、称重记录功能。

(5)堆场条件。地面硬面长度应满足装车需求，距离线路或站台边缘的宽度应在 25 m 以上。正面吊、门吊作业时，地面硬面条件应分别满足《铁路物流中心设计规范》(Q/CR 9133—2016)规定。

集装箱堆场不得混用。

(6)计量条件。称重设备类型、数量。

(7)特箱条件。特种货物集装箱和专用集装箱运输需要的设施设备。

(8)货源情况。集装箱运输的主要货物品名、去向及年运量。

(9)联网条件。是否具备安装铁路集装箱运输管理信息系统(简称箱管系统)条件。

(10)控股情况。是否为国铁及国铁控股的车站与专用线。

站段审核开办条件,符合规定后附带专用线申请与电子照片(4项～7项)报铁路局集团公司,铁路局集团公司核准后报铁路总公司公布。

13. 停办集装箱办理站时,申请报告中应包括哪些内容?

答:办理站计划停办集装箱运输业务或因站场施工、起重机械大修等需临时停办时,站段将下列内容提前30天报铁路局集团公司。

(1)办理站(专用线)名称。

(2)停办原因与箱型。

(3)临时停办时上报停办日期范围。

办理站停办集装箱运输业务前,应组织铁路集装箱发送、回送完毕。

14. 集装箱办理站遇哪些情况不得承运自备箱?

答:办理站遇下列情况不得承运自备箱:

(1)无铭牌或铭牌伪造、无法辨认、严重损坏。

(2)铭牌箱号与箱体箱号不一致。

(3)铭牌没有安全合格牌照。

(4)箱体有《通用集装箱在铁路车站检查的技术要求》(TB/T 3207)规定的非容许损伤。

(5)其他不符合铁路运输规定的自备箱。

15. 哪种情况的自备箱上路运输时需经铁路总公司批准?

答:自备箱高度超过 2 896 mm,总重超过 35 t、小于 30.48 t,不符合国家标准和国际集装箱安全公约的集装箱上路运输时,需经铁路总公司批准。

16. 怎样办理铁路通用箱网上预订?

答:铁路通用箱面向客户公开预订。集装箱订箱通过电商系统提报,客户分配空箱后,凭打印的铁路箱提箱单到办理站提取空箱。空箱资源系统自动维护,办理站定期核查系统空箱资源数量,维护与现箱数量一致。

17. 客户提报哪些种类的集装箱需求时,需与中铁集装箱运输有限责任公司协商?

答:客户提报 20 英尺干散货集装箱(简称干散箱)、20 英尺罐式(框架、弧形、散装水泥、石油沥青)集装箱(简称罐式箱)等铁路特种箱运输需求前,需与中铁集装箱运输有限责任公司商定具体事宜。商妥后,由其办理调箱事宜。

18. 车站新增集装箱运输业务时,站段应做好哪些工作?

答:车站新增集装箱运输业务时,站段应做好以下工作:公布前,组织相关人员培训集装箱专业知识,学习集装箱管理制度与箱管系统应用。公布后办理集装箱业务前,制定、完善《集装箱运输管理细则》内容,调试完毕箱管系统、货运制票系统与中国铁路货运电子商务系统(简称电商系统),检查特种设备操作人员作业资格,根据实际需求配置 20 英尺 35 t 敞顶集装箱(简称敞顶箱)作业梯、开箱检查梯等设备。在开始办理集装箱业务 30 天内,站段安排专业人员现场指导作业,解决存在问题。

19. 企业如何申请购置敞顶箱?

答:企业购置敞顶箱前需向管辖站段提报申请,内容包括购置数量、箱主箱号、技术条件、运用项目、堆存地点、堆存条件等项目,双方签订、留存“20 英尺 35 t 敞顶集装箱购置风险告知书”。站段确认满足规定条件后报铁路局集团公司，铁路局集团公司核实后报铁路总公司公布敞顶箱箱号。

20. 办理站与固定发送自备箱的产权单位签订运输安全协议时，应包括哪些内容？

答：办理站应与本站固定发送自备箱的产权单位签订运输安全协议，内容包括箱号范围、箱主箱型、生产日期、检修日期、下次检修日期以及对箱体质量及运输的要求。办理站应重点检查自备箱箱体质量与铭牌，抽查或全部检查集装箱证书等相关证明文件。

21. 办理站应如何加强集装箱货源组织工作？

答：办理站应加强集装箱货源组织、核实工作，积极与企业对接，掌握好近期产运销动态，按照实际需求及时向调度所提报铁路空箱需求申请，预计大宗货源产生增量时，应提前向调度所报告。

22. 办理站受理危险货物时应符合哪些规定？

答：(1)托运人名称与危险货物托运人名称表相统一。

(2)国家对生产、经营、储存、使用等实行许可管理的危险货物，发站还应查验收货人提供的相关证明材料并留存备查；必要时，到站应进行复查。

(3)经办人身份证与货物运单记载相统一。

(4)货物运单记载的品名、类项、编号等内容与《铁路危险货物品名表》的规定相统一，并核查《铁路危险货物品名表》“特殊规定”栏有无铁路危险货物运输特殊规定(简称特殊规定)。

(5)发到站、办理品名、装运方式与办理限制相统一。

(6)货物品名、重量、件数与货物运单记载相统一。

(7)经办人具有培训合格证明。

(8)托运人具有包装检验合格证明文件。

(9)货物运单右上角用红色戳记标明编组隔离、禁止溜放或限速连挂等警示标记。

(10)其他有关规定。

23. 托运危险货物如何填制货物运单?

答:托运人托运危险货物时,应在货物运单“货物名称”栏内填写危险货物品名和铁危编号,在货物运单的右上角用红色戳记标明类项名称,并在货物运单“托运人记载事项”栏内填写经办人身份证号码,对派有押运员的还需填写押运员姓名、身份证号码。

托运爆炸品或烟花爆竹时,托运人须相应出具运达地县级人民政府公安部门核发的《民用爆炸物品运输许可证》或《烟花爆竹道路运输许可证》,均应在货物运单“托运人记载事项”栏内注明许可证名称和号码,并在货物运单右上角用红色戳记相应标明“爆炸品”或“烟花爆竹”字样。

货物运单包装栏应按《铁路危险货物包装表》的规定填写相应的外包装和内包装名称。

24. 危险货物包装和内包装应符合哪些要求?

答:包装和内包装应按铁路危险货物品名表及《铁路危险货物包装表》的规定确定,同时还应符合下列要求:

(1)包装材料材质、规格和包装结构应与所装危险货物性质和重量相适应。包装材料不得与所装物产生危险反应或削弱包装强度。

(2)充装液态货物的包装容器内至少留有5%的余量(罐车及罐式集装箱装运的液体危险货物应符合《铁路危险货物运输管理规则》第十二章有关要求)。

(3)包装封口应根据内装物性质采用严密封口、液密封口或气密封口。装有通气孔的容器,其设计和安装应能防止货物流出和杂质、水分进入。

(4)包装应坚固完好,能抗御运输、储存和装卸过程中正常的冲击、振动和挤压,并便于装卸和搬运。

(5)包装的衬垫物不得与所装货物发生反应而降低安全性,应能防止内装物移动和起到减震及吸收作用。

(6)包装表面应保持清洁干燥，不得粘附所装物质和其他有害物质。

25. 哪些危险货物可按普通货物运输?

答:《铁路危险货物品名表》"特殊规定"栏规定符合按普通货物运输条件的，铁路局集团公司应在其包装方法和包装标志满足危险货物要求，并使用整车或集装箱装载单一品名的情况下，批准其可按普通货物条件运输。托运人应在货物运单"托运人记载事项"栏内注明"×××(铁危编号)，可按普通货物运输"。

26. 发站如何申请使用机械冷藏车?

答:使用机械冷藏车(包括空车回送和回空代用)，应由发站逐级上报铁路总公司调度部门，经铁路总公司调度命令承认后方可使用。车站应将调度命令号码填记在"机械冷藏车装车通知单"内。

27. 托运人托运超限、超重货物时，应提供哪些资料?

答:(1)"超限超重货物托运说明书"，货物外形的三视图(图中应标明货物的有关尺寸、支重面长度、货物重量，并以"+"号标明重心位置)。

(2)自轮运转货物，应有自重、长度、轴数、轴距、固定轴距、转向架中心销间距离、运行限制条件，以及过轨技术检查合格证。

(3)申请使用的车种、车型、车数及装载加固建议方案。

(4)超过承运人计量能力的货物由托运人确定货物重量，并应有货物生产厂家出具的货物重量证明文件(数据应为货物运输状态时的重量，重量数据如不含装载加固材料或装置重量，须单独注明)，对变压器、电抗器等货物，残余油料重量须单独注明；货物生产厂家具备货物称重计量条件的，应要求托运人提供经厂家计量衡器称重的货物重量数据。

(5)其他规定的资料。

托运人应在超限超重货物托运说明书、装载加固建议方案和所提供的资料上签字盖章，并对内容的真实性负责。

28. 车站在受理超限、超重货物时应做好哪些工作?

答:车站受理超限、超重货物时,应认真审查托运人提出的有关技术资料。托运人提供的货物技术资料及相关证明文件齐全有效、符合规定,且货物发到站(含专用线、专用铁路)具备超限、超重货物运输条件的,发站应受理资料。

受理资料后,发站测量核对货物外形尺寸和重心位置,以超限超重货物运输申请电报向铁路局集团公司货运主管部门申请装运办法。

跨三个及以上铁路局集团公司的各级超重货物和超级超限货物,由铁路局集团公司审查后向铁路总公司提出申请。

29. 客户可通过哪些渠道提报铁路货物运输需求?

答:(1)客户可拨打 95306 货服电话提出运输需求,由铁路货服人员填写电子订单代为提出。

(2)客户可拨打铁路公布的办理站(点)受理服务电话提出运输需求,由铁路货服人员填写电子订单代为提出。

(3)直接到铁路货运办理站(作业站)提出运输需求。

(4)访问 95306 网站"我要发货"录入基本需求信息。

(5)货运办理站(点)货服人员上门受理。

(6)电子商务系统登记客户可通过铁路货运电子商务系统自助提报。

30. 客户运输需求提报的受理原则是什么?

答:铁路通过网络、电话、营业场所及上门服务等渠道敞开受理客户需求,不准限制任何一种受理渠道提报运输需求。确保各种受理渠道畅通。各受理岗位要对客户提报需求逐条记录,确保清晰完整、留痕备查。

31. 客户提报运输需求的时效性是如何规定的?

答:在发货时间上,客户能确定具体装车日期的可提前对 1 个月内任一天需求直接订车,客户不能确定具体装车日期的,可提前预约3个月内的需求。

32. 月度运输生产计划由哪两部分组成？

答：月度运输生产计划由月编计划和日常计划两部分组成。

33. 提报月度运输需求时，主要包括哪些内容？

答：月度运输生产计划需求提报，主要包括运输时间、发站、到站、发货人、收货人、装车地点、货物品名、吨数或车数等内容。

34. 什么情况下，客户按车或按重量提报运输需求？

答：对国际联运、自备车、军事运输需求，客户必须按车提报；其他运输需求既可按车提报、也可按实货重量(体积)进行提报。

35. 客户提报次月运输需求的时间节点是如何规定的？

答：客户每月19日23:00前(2月份为16日23:00前)提报的次月需求纳入月编计划方案编制；23:00后提报的次月需求系统自动转入次月日常计划。

36. 集装箱预订应用主要包括哪些功能？

答：集装箱预订应用主要功能包括：空箱预订、自动配箱、填制运单、订车、空箱资源和配箱结果公示。

37. 哪些集装箱运输不需使用集装箱预订应用？

答：军事运输、保密物资运输不需要使用集装箱预订应用。

38. 铁路通用空箱分配原则是什么？

答：空箱按"先到先得"的原则自动分配，配箱后向客户发送短信，配箱结果在12306网站实时自动公示。

39. 客户订箱时，什么情况下能同时订车？

答：客户订箱时能够确定装车日期的，可同时发起订车，配箱后系统自动订车。客户订箱时不能确定装车日期的，可在配箱后以运单订车。

40. 车站落实货物运输实名制时，应查验哪些资料？

答：托运人为个人的，查验托运人身份证原件，留存复印件；托运人为单位的，查验营业执照、经办人身份证原件，留存营业执照、经办人身份证复印件及注明经办人信息、联系方式、联系地址及所用印章的证明材料。危险货物还应对托运危险货物安全协议、办理限制、到站、品名、托运经办人培训等情况进行核实。承运零散快运货物时，车站查验经办人身份证原件，留存经办人身份证复印件或采集影像资料。

41. 托运需要检疫的鲜活货物时，须提出什么证明文件？

答：托运需要检疫的鲜活货物时，托运人应按国家有关规定提出检疫证明，在货物运单"托运人记事"栏内注明检疫证明的名称和号码，车站凭此办理运输，并按规定在铁路货运电子商务系统中留存证明文件的影像资料。入境的国际铁路联运鲜活货物，凭海关的放行通知办理。

应提供检疫证明的鲜活货物包括：

(1)动物和动物产品；

(2)列入应施检疫的植物、植物产品名单的植物和植物产品，运出发生疫情的县级行政区域之前；

(3)种子、苗木和其他繁殖材料，不论是否列入应施检疫的植物、植物产品名单和运往何地；

(4)法律法规规定的其他情况。

42. 客户在95306网站注册登记时，需提供哪些证照资料？

答：(1)《企业法人营业执照》复印件(加盖公章)；

(2)《银行开户许可证》复印件(加盖公章)；

(3)企业法定代表人身份证复印件(加盖公章)；

(4)需要国家前置审批或特许经营的特殊品类大宗物资交易的企业，还须提供国家颁发的相关行业生产或经营许可资质复印件(加盖公章)。

43. 客户提报运输需求符合哪些条件车站可进行"吨转车"操作？

答：车站通过电商平台对客户提报的需求进行查询，符合以下条件的需求按吨受理，实现吨转换车确认。

（1）符合车站货运营业办理限制，专用线品名办理限制。

（2）与专用线产权单位签订共用协议的客户。

（3）整列装车最多不得超过两批次作业。

（4）地方铁路、专用铁路比照专用线办理。

（5）符合铁路局集团公司及站段安全、运输能力及其他相关要求。

44. 车站进行“吨转车”操作的时间要求是什么？

答：车站“吨转车”操作要求：符合要求的“阶段需求”在客户提报需求 1 h 内完成。

45. 车站进行运单受理时如何办理？

答：（1）检查需求信息是否完整、准确。

（2）审核发到站办理限制、起重能力、专用线办理范围、危险货物办理限制、临时停限装、特定运输条件、接取送达等信息。

（3）审核证明文件、技术资料等原件，采集影像资料，并在证明文件背面注明托运货物数量，加盖车站日期戳，退还托运人或按规定存查。

（4）运单受理通过前对成组或整列运输的运单需求联进行标识。

（5）选择添加承运人标准记事和运输戳记；填记装载加固方案号码、费用浮动项目号及相关记事。

（6）国际联运出口（含过境）运输，还需审核客户是否在电商系统中填制国际联运运单，即客户提供的纸质国联运单是否有电商系统生成的 8 位国联运单号，纸质运单托运人填记部分的各栏内容是否与电商系统中填记的一致。

46. 旬日历装车方案的编制原则是什么？

答：按照“确保重点、注重效率效益、兼顾公平公正”的原则，均衡编制旬日历装车方案。

47. 优先纳入货运旬日历装车方案的物资有哪些?

答:抢险救灾、军运、防洪、防疫、支农等重点物资及省(区)重点企业符合装车条件的物资,优先纳入货运旬日历装车方案。

48. 旬日历装车方案未兑现时,应如何处理?

答:货运日计划原则上须兑现货运旬日历装车方案,遇未兑现时按以下处理:

(1)因铁路原因造成当日未按货运旬日历装车方案兑现的,要及时补装。

(2)因客户原因造成未按货运旬日历装车方案兑现的,可视为客户放弃装车,不再进行补装。

(3)因不可抗力原因造成未按货运旬日历装车方案兑现的,要注明原因。

49. 客户提报日需求的时间节点是如何规定的?

答:客户提报的当日需求或在提报时间节点(每日 14:00)后提出的次日需求,按追加需求办理。

50. 零散白货货运日计划编制顺序是如何规定的?

答:根据品类、去向限制以及车站装车能力,按照需求提报时间排队,先到先得、订满为止。

51. 大宗货物货运日计划编制顺序是如何规定的?

答:大宗货物货运日计划编制顺序:

(1)重点物资:最高优先级,系统自动纳入货运日计划。

(2)固定开行列车:固定开行的货物班列(特快货物班列除外)、大宗货物直达列车等,按开行日期、方案、数量自动编制。

(3)运输合同:按合同约定数量编制。到能力紧张区段去向的运量提前与客户协商,按协商数量自动编制。

(4)旬日历装车方案:通过自动编制系统将旬日历装车方案自动导入货运日计划。

(5)诚信客户:淡季决定旺季,运力紧张时优先满足诚信客户的运输需求。

(6)一般客户：按照效益最大化的原则，根据需求的品类、分布、收入等情况，合理制定并动态优化需求受理方案，结合运输实际，在优先满足单车收入、标准箱收入高的需求的原则下，由计算机自动编制。

52. 配箱成功后，客户运输需求如何兑现？

答：配箱成功后客户凭铁路箱提箱单领取空箱，车站予以兑现。空箱出站时(或站内装箱时)车站录入所提箱号，录入时间最迟不超过作业后 2 h，保证不影响客户填写运单。

53. 集装箱运输业务办理的基本要求是什么？

答：铁路箱使用、自备箱托运、进站车队均不实行资质管理，做到"敞开受理、随到随办"，保证流程畅通、方便快捷。

54. 集装箱预计应用"两个 100%"指什么？

答：空箱资源 100%上网(包括站内和专用线)，任何单位和个人不得隐瞒和私自分配；用箱需求 100%上网，任何单位和个人不得限制客户提报需求。

55. 敞开受理"八不准"包括哪些内容？

答：(1)不准限制任何一种受理渠道提报运输需求，确保各种受理渠道畅通。各受理岗位要对客户提报需求逐条记录，确保清晰完整、留痕备查。

(2)不准遗漏任何已经确认的实货需求，确保全部录入电商系统。

(3)不准以实货核实等任何理由限制客户提报运输需求，确保客户自由提报，反映真实需求。

(4)不准受理应按吨提报却按车提报的运输需求。

(5)不准限制受理实货装车需求，运能确实不能满足时，必须按"公平、公正、公开"原则排队受理需求。

(6)不准落空已受理的实货装车需求，确保兑现实货装车。确因特殊情况落空的必须要有书面分析说明，并视情况在次日优先安排装车。

(7)不准以设立运输户头或注册名义变相设立运输户头设置门槛，限制受理客户需求。

(8)不准隐瞒或拒绝客户提出的受理服务投诉，确保敞开受理和直接受理。

56. 货运站每日几点前对客户需求进行货源核实？

答：货运站每日 14:00 前对客户需求进行货源核实，提供“实货”保障。对于对因特殊原因无法确认的需求，要及时向调度所货调室反馈。

57. 排队装车组织优先级顺序是如何规定的？

答：按照确保重点、大宗货物合同协议保障、诚信客户优先一般客户、一般客户按效益最大化均衡运输的原则，组织做好排队装车。

58. 站段(车站)组织排队装车的基本要求是什么？

答：鼓励站段(车站)组织排队装车时，一是借鉴依托行业协会组织排队装车的措施，二是充分发挥专用线自主管理作用，结合装车能力，以“实货”为依据，以公平、效益效率最大化为原则，做好专用线内排队装车组织。

59. 运输组织分析主要包括哪些内容？

答：主要包括货运日计划兑现率分析、人工调整原因分析、落空车原因分析考核。

60. 月度旬日历装车方案兑现分析是如何规定的？

答：调度所、相关站段每月 5 日前将上月旬日历装车方案兑现分析情况报营销处。营销处进行梳理、汇总，必要时组织专题分析。

61. 港口旬日历装车方案的组织及兑现分析是如何规定的？

答：各港口结合到港实际需求提出建议方案，保证每日到港菜单与货运旬日历装车方案相匹配，港口协调办组织港口、企业充分对接，保证方案兑现。由于港口原因造成货运旬日历装车方案不能兑现的，港口须及时调整，并提供书面说明。

62. 装车组织兑现及落空分析的要求是什么？

答：车务站段、各货运站要做好装车组织兑现及落空分析，对在运输过程中造成安全隐患、拖欠运费、运力浪费等信誉度较差的客户按规定做好记载，作为客户诚信评价的参考依据。同时，结合客户发运情况及日常行为，可向铁路局集团公司提出诚信客户降级或取消诚信客户的建议意见。

63. 客户自身原因落空分析的要求是什么？

答：各货运站要加强与客户的沟通联系，因客户自身原因落空的，要做好记录，作为客户诚信评价的日常考核基础。

64. 运输工作公示的渠道有哪几种？

答：(1)中国铁路货运电子商务平台。

(2)各站段货运营业室电子显示屏或公示栏。

65. 中国铁路货运电子商务平台公示的内容有哪些？

答：中国铁路货运电子商务平台公示内容：

(1)管内各货运营业站装车信息。

(2)按照企业代码制公示企业完成情况。

66. 车站货运营业厅(室)公示内容包括哪些？

答：(1)日需求兑现情况：装车日期、发站、托运人、货物名称、到站、需求车数、受理车数、完成车数、落空原因。

(2)实货核实台账：装车日期、托运人、装车地点、到站、货物品名、客户提报车数、核实车数、核实原因、核实时间、核实人。

(3)温馨提示栏：停限装信息、货运日常计划受理原则。

67. 日需求兑现情况表中填写"落空原因"栏包括哪些情况？

答：(1)空车不足；(2)篷布不足；(3)客户无货；(4)客户取消；(5)客户欠款；(6)客户错报；(7)客户挑车；(8)客户变更；(9)客户其

他;(10)货质不符;(11)停限装令;(12)劳动力不足;(13)自然灾害;(14)不良天气。

68. 实货核实台账填写“核实原因”栏包括哪些情况?

答:(1)货源不足;(2)拖欠运费;(3)未签共用协议;(4)客户取消;(5)停装命令;(6)能力不足;(7)存在安全隐患;(8)其他特殊情况。

69. 运输工作公示的相关要求有哪些?

答:(1)每日 18:00 进行公示内容更新。车站日需求兑现情况公示当日兑现情况;车站实货核实台账公示次日核实数据。

(2)每日由车站货运负责人或主管副站长签字确认公示内容;主管副站长每月不低于十次对公示内容进行签字确认。

70. 哪些运输内容不得公示?

答:军事运输、抢险救灾等涉及国家机密的重点物资运输不得公示。

71. 运输工作公示监督内容包括哪些?

答:运输工作公示监督内容包括:

(1)检查是否在规定地点进行公示。

(2)检查是否按要求公示《货运日常计划编制原则》、停限装信息等事项。

(3)检查是否按规定要求内容公示,数据是否及时更新。

72. 装车计划兑现率如何计算?

答:装车计划兑现率=(实际装车数/装车计划数)×100%。

73. 分品类装车兑现率如何计算?

答:分品类装车兑现率=(品类装车数/品类计划数)×100%。

74. 直达车比重如何计算?

答:直达车比重=(实际直达车数/实际装车数)×100%。

75. 重点物资装车命令兑现率如何计算?

答:重点物资装车命令兑现率=(实际装车数/指定装车数)×

100%。

76. 卸车兑现率如何计算?

答:卸车兑现率=(实际卸空车数/应卸车数)×100%。

77. 夜间卸车比重如何计算?

答:夜间卸车比重=(6点实际卸空车数/应卸车数)×100%。

78. 待卸率如何计算?

答:待卸率=(18点待卸车数/实际卸空车数)×100%。

79. 车务站段对信誉度较差的客户有何规定?

答:对在运输过程中造成安全隐患、拖欠运费、运力浪费等信誉度较差的客户按规定做好记载,作为客户诚信评价的参考依据。同时,结合客户发运情况及日常行为,可向铁路局集团公司提出诚信客户降级或取消诚信客户的建议意见。

80. 客户遗忘电子商务密码时如何重置密码?

答:客户在"中国铁路货运电子商务系统"或"中国铁路95306网大宗交易工作台"遗忘密码需要重置时,须拨打铁路局集团公司货运客户服务电话,由铁路局集团公司货运客服代表联系相关部门及时处理,同时提供:

(1)《客户重置密码申请书》(加盖企业公章、办理车站公章);

(2)企业法定代表人身份证复印件(加盖企业公章);

(3)企业联系人身份证复印件(加盖企业公章);

以上资料盖章原件车站留存并做好台账;传真件传至铁路局集团公司货运服务中心。

81. 整车货物进货应如何办理?

答:整车货物进货。车站凭进货通知、纸质运单需求联或需求号接收货物。在货运站系统分配货区货位,确认货物进齐。

82. 集装箱进出站应如何办理?

答:车站在集装箱系统安排铁路空箱,填制铁路箱出站单出站。铁路箱凭铁路箱出站单和纸质运单需求联进站,自备集装箱或站内装箱的货物凭纸质运单需求联进站。集装箱进站或站内装箱时车站应检斤验货，核对物品清单，并在集装箱系统补录箱货总重、货物重量和施封号。

83. 零散快运货物进货应如何办理？

答：车站上门受理的货物，在零散货物快运平台打印运单需求联，与作业站办理货物交接。办理站、无轨站受理的货物，在零散货物快运平台打印运单发站存查联，与作业站办理货物交接。

84. 运输过程中普通记录在哪个系统编制？

答：运输过程中需编制普通记录时，车站按规定在货运站系统、集装箱系统、货检系统、现车系统编制。

85. 运输过程中货运记录、商务记录在哪个系统编制？

答：运输过程中需编制货运记录、商务记录时，车站使用铁路保价运输管理系统编制。

86. 客户评级遵循的原则是什么？

答：客户评级遵循公正客观、确保重点、效益效率优先、诚信优先等原则。

87. 客户评级实行什么制管理，分哪几个等级？

答：客户评级实行积分制管理，客户信息是计算积分的数据基础。根据积分不同，设定核心、主要、一般等级别客户。

88. 客户积分基本指标包括哪些内容？

答：积分基本指标包括铁路运输贡献度、诚信度、忠诚度和综合评价。

贡献度根据客户货物运量和运费计算得出，可设定系数项区分不同品类的得分权重。

诚信度根据相关协议客户履行情况、客户原因造成装车落空、订箱积分情况、提报虚假信息、违反铁路相关政策规定及其他违约情况，量化得出分值。

忠诚度根据客户铁路运量变化、份额变化、淡旺季运输均衡度等情况计算得分。

综合评价根据客户性质、规模、经营状况、潜在货源、社会影响力，以及客户与铁路合作情况等项点进行评价设定分值。

89. 对于核心客户的服务标准是什么?

答:(1)建立双方高层领导沟通协调机制;优先签订煤炭中长期合同、运量互保、物流总包等服务协议，开展协议运输。

(2)在物流方案制定、直达列车开行、承兑汇票结算、场站资源使用等方面提供优先服务。

(3)派驻或指定客户代表，与客户及时沟通信息、收集意见、制定物流解决方案，协助客户处理铁路相关业务，最大限度提高个性化、定制化服务水平。

90. 对于主要客户的服务标准是什么?

答:(1)建立日常沟通协调机制，对客户反映的问题和需求予以充分重视并及时研究答复。

(2)提供一定程度上的资源倾斜和政策优惠，帮助设计物流解决方案。

(3)指定客服人员负责对接客户各类需求，动态掌握需求满足情况，遇到问题及时协调处理。

91. 对于一般客户的服务标准是什么?

答:(1)营销策略方面，重点针对培养客户粘着度，制订营销措施，挖潜上量。

(2)日常服务方面，由客服人员负责协调沟通客户，对其反映的问题和需求及时通报相关部门研究处理;运力紧张时，根据实际情况适当配置运力。

92. 如何做好客户关系维护工作?

答:铁路局集团公司、货运站段、货运营业部(车间)定期走访客户，掌握客户产销和运输需求变化情况，听取客户对铁路营销政策和运输组织等方面的意见和建议，及时解决企业在运输过程中出现的问题和困难，维护路企良好合作关系。同时加强与企业的日常交流，畅通沟通渠道。

93. 危险货物按批量零散货物运输时，应满足哪些条件？

答：危险货物按批量零散货物运输时，发到站必须既是货物快运作业站，又是危险货物办理站，托、收货人必须与危险货物办理限制公布的一致，所装货物品名必须与发到站危险货物办理限制公布的品名一致。包装符合《铁路危险货物运输管理规则》有关包装相关规定，同时须符合“铁路危险货物运输特殊规定”和“铁路危险货物包装表”。受理批量零散危险货物时，按《铁路危险货物运输管理规则》要求填写货物运单并打印，在货物运单右上角用红色戳记标明类项名称和规定警示标记，及时录入危险货物运输安全监控系统。

94. 发现零散货物快运、混装货物等匿报或夹带危险货物的行为，该如何处理？

答：各单位发现零散货物快运、混装货物等匿报或夹带危险货物的行为，应立即停止办理承运手续，在途的应立即停止运输，向公安部门报警，并报告铁路安全监督管理部门，对危险货物依法处置，追究托运人及相关人员责任，纳入不良诚信记录。

第三节　应急处置

1. 国际联运货物发生临时停运、禁运情况时，如何处理？

答：关于临时的全部或局部停止运行（下称停运），以及全部或局部禁止运送某些种类货物（下称禁运），承运人应在停运或禁运生效前 4 天通知按国际货协条件参加国际货物联运的其他国际货协国家的承运人；由于不可抗力情况而实行的停运或禁运，应立即通知。

通知中应包含停运或禁运公告的内容（线路区段、车站、货物种类等)、停运或禁运的实施期限,以及其他必要信息。

寄送停运或禁运通知的承运人,应不晚于取消停运或禁运后的第二天,立即寄送关于取消这些措施的通知。

2. 承运人办理国际联运货运运送的条件有哪些?

答:如符合下列条件,承运人应按《国际铁路货物联运协定》的条件办理货物运送:

(1)承运人或发货人拥有办理运送所需的运输工具;

(2)发货人履行本协定的条件;

(3)承运人虽有无法预防和无力消除的情况,但并不妨碍运送;

(4)货物运送经路上的承运人已商定运送。

3. 国际联运货物如何变更运输合同?

答:向承运人作出有关货物的指示并进而变更运输合同的权利,属于发货人及收货人。发货人向缔约承运人提出申请,而收货人向交付货物的承运人提出申请。

4. 发货人对国际联运货物可做哪些变更?

答:发货人对运输合同可作下列变更:

(1)变更货物到站;

(2)变更收货人。

5. 收货人对国际联运货物可做哪些变更?

答:收货人只可在到达国范围内对运输合同作下列变更:

(1)变更货物到站;

(2)变更收货人。

收货人只可在货物尚在到达国进口国境站时,根据《国际铁路货物联运协定》的条件办理运输合同的变更。如货物已通过到达国的进口国境站,则收货人只能按到达国现行国内法律办理运输合同的变更。变更运输合同时,不准将一批货物分开办理。收货人自变更运输合同之时起,即承担运输合同中规定的发货人义务。

6. 承运人在什么情况下,有权拒绝国际联运货物变更运输合同或延缓执行变更?

答:承运人只在下列情况下,才有权拒绝变更运输合同或延缓执行这一变更:

(1)承运人在接到变更运输合同申请书后无法执行时;

(2)可能违反铁路运营管理时;

(3)变更到站后,货物的价值不能抵偿运至新到站的一切预期费用时,但能立即缴付或能保证支付这种费用款额时除外;

(4)在变更到站的情况下,运单上记载的承运人发生了变化,但新承运人未商定运送时。

7. 对托运人提出的取消托运需求,车站应如何办理?

答:对托运人提出的取消托运需求,货场装车的,发站确认货车在本站后,方可受理;专用线装车的,路企交接前可受理,路企交接后不受理。受理时应审核并收回运单托运人存查联、领货凭证;办理电子领货的,验证领货密码,打印领货凭证。

对已受理的取消托运需求,发站货运人员通知行车人员将货车调回货场,并在货票系统完成取消托运操作。核收相关费用后,运单需求单按"已装车"状态回退到货运站、集装箱系统,可在货运站、集装箱系统进行取消装车操作。

8. 如何办理货物运输变更?

答:途中或到站仅受理托运人提出的货物运输变更需求。变更处理站应审核运单托运人存查联、领货凭证、货物运输变更要求书;电子领货的,验证领货密码,打印领货凭证。

变更到站时,处理站应报铁路局集团公司同意后方可受理,在货票系统中录入货物运输变更要求书,收取变更手续费,运单状态变为"变更完成",并在纸质运单托运人存查联、领货凭证上修改相关信息,加盖车站日期戳或带有站名的人名章后交托运人。电子领货的,向托运人申明,原领货密码失效,凭变更后的纸质领货凭证领货。

新到站在货运站或集装箱系统完成卸车操作，并通过货票系统打印运单到站存查联、收货人存查联、货物运输变更要求书，办理相关费用退补手续和交付手续。零散货物快运不办理变更到站。

国际联运运输变更按国际货协相关规章执行。国际联运出口(含过境)货物运输，发货人在发站提交变更申请书、发站向国境站发送变更电报后，发货人还应在电商系统中对国际联运运单的申请修改事项提交电子信息变更申请，包括国际联运运单号码(批号)、申请变更事项、变更内容，并注明发站拍发的电报号码。国境站收到发站的变更电报后，应审核电商系统中客户提交的电子信息变更申请，与电报内容完全一致时，审核通过并在电商系统中确认修改。

9. 如何办理调卸作业?

答:遇自然灾害、运输阻碍、到达积压等特殊情况，经调度、货运、运输等部门与托、收货人协商后，由铁路局集团公司调度向办理站下达调卸调度命令。车站接收调卸调度命令后，车站在货运站、集装箱系统中通过股道现车、车次或手工录入车号查看调卸车辆信息，录入调度命令等调卸信息，生成调卸作业单和新的运单或装载清单作业信息。

新到站根据新的运单或装载清单作业信息在货运站系统或集装箱系统完成卸车操作，并通过货票系统打印运单到站存查联、收货人存查联、调卸作业单，办理交付手续。

10. 如何办理机车车辆及运送用具回送?

答:非铁路产权机车车辆凭客户需求填制货物运单回送。路产机车无动力回送时，由机务段提出运输需求免费托运。集装箱、篷布以及集装化用具、需洗刷除污的货车、铁路运营用衡器、装卸机具、军运备品和装置凭特殊货车及运送用具回送清单(简称回送清单)回送。

凭回送清单回送时,车站应根据调度命令分别在货运站、集装箱系统填制回送清单,其中回送篷布还应填记篷布交接单。回送清单填制后,发站打印一份留存。

到站卸车时,车站应分别在货运站、集装箱系统调取回送清单进行卸车操作,打印一份留存。

11. 票据信息与现车不符,空车有票情况应如何处理?

答:空车有重车票据信息,发现站扣车后在铁路货运票据综合应用管理系统录入空车有票信息,编制普通记录,并联系票据记载到站、发站进行核对。

经到站确认为已卸空车,到站在货运站系统或集装箱系统做卸车补录操作,电子票据信息车号置空,发现站在现车系统重新取票并确认后按空车组织挂运。

到站确认货物未到时,联系票据记载发站进行核对。经发站确认为空车的,联系信息部门查明原因后处理。

确认为漏装的,发站进行货物补装作业,并在铁路货运票据综合应用管理系统编制普通记录,修改票据车号信息,有票空车票车解绑置空。发现站在现车系统重新取票并确认后按空车组织挂运。发站在现车系统取票并确认后组织补装车辆挂运。

确认为错装的,发站应追查运单记载的货物实际位置,通知重车所在车站扣车,并根据重车站反馈信息,在铁路货运票据综合应用管理系统编制普通记录,修改运单车号信息,有票空车票车解绑置空。发现站在现车系统重新取票并确认后按空车组织挂运。重车所在站在现车系统重新取票并确认后组织错装车辆挂运。

12. 票据信息与现车不符,重车无票的情况应如何处理?

答:发现重车无票据信息时,发现站扣车调查,并在铁路货运票据综合应用管理系统编制普通记录。确认为重车空排的,发现站在保价系统编制货运记录回送;确认为发站错装的,联系发站处理。

13. 发现大小车号不一致、换长等信息不正确或信息与车体标记不一致应如何处理?

答:发现大小车号不一致、换长等信息不正确或信息与车体标记不一致时,按以下方式处理。

(1)现车为重车。发现站在现车系统"其他记事"栏标注,同时上报列车调度员;到站卸空后挂运至就近有列检作业场的车站,通知列检作业场检查。

(2)现车为空车时。发现站在现车系统"其他记事"栏标注,同时上报列车调度员,挂运至就近有列检作业场的车站,通知列检作业场检查。

(3)列检作业场对车辆进行确认,按规定进行处置。

14. 凭回送清单回送时如何办理?

答:凭回送清单回送时,车站应根据调度命令分别在货运站、集装箱系统填制回送清单,其中回送篷布还应填记篷布交接单。回送清单填制后,发站打印一份留存。

到站卸车时,车站应分别在货运站、集装箱系统调取回送清单进行卸车操作,打印一份留存。

15. 铁路篷布回送途中变更到站时有何要求?

答:铁路篷布回送,途中变更到站时,原到站与变更后到站不属同一铁路局集团公司的须经铁路总公司调度批准,其他情况由铁路局集团公司调度批准。

16. 什么情况下应拍发"货物损失速报"?

答:发现火灾,罐车装运的压缩气体、液化气体泄漏,剧毒品、放射性物品被盗丢失以及估计损失款额达到一级损失等情况时,应在 1 h 内逐级报告,并在 24 h 内向有关车站、直属站段、铁路局集团公司以电报形式拍发"货物损失速报",抄送铁路总公司货运部。

17. 运输途中发现易腐货物腐烂、变质等问题时发现单位应如何处理?

答:运输途中发现易腐货物腐烂、变质、冻损、污染、生理病害、病残死亡等问题时,发现单位应立即通知车站联系托运人、收货人并妥善处理,防止货物损失扩大。

处理货物腐烂、变质情况时,应扣除运输途中的合理损耗。

18. 易腐货物到达出现腐烂、变质等问题时到站应如何处理?

答:到达货物出现腐烂、变质、冻损、污染、生理病害、病残死亡等问题时,到站应立即组织卸车并按规定编制货运记录,使用机械冷藏车的应会同乘务组组织卸车。收货人有异议的,不得拒绝卸车或中途停止卸车,否则因此造成的扩大损失由收货人承担。

发现食品运输污染的,应立即向铁路食品安全监管办公室报告。

19. 到达货物需变更卸车站时应如何办理?

答:(1)必须由托运人或收货人提出书面申请;

(2)必须和原到站在同一径路上;

(3)因自然灾害影响变更卸车地点时,应及时通知收货人;

(4)局管内变更卸车站,以铁路局集团公司调度命令批准;

(5)跨局变更卸车站原则上不办理,确须变更时以铁路总公司调度命令批准。

20. 货物装车后重车重心高超过规定限速运行时,应如何请示? 限速标准是如何规定的?

答:重车重心高度从钢轨面起,超过 2 000 mm 时应按规定限速运行。限速运行时,由装车站以文电向铁路局集团公司请示,铁路局集团公司货运管理部门以电报批示,跨局运输则应同时抄给有关铁路局集团公司货运、运输、调度、机务、工务等有关部门。限速标准如下表所示。

重车重心高度 H(mm)	运行限速(km/h)	其中:通过侧向道岔限速(km/h)
2 000<H≤2 400	50	15
2 400<H≤2 800	40	15
2 800<H≤3 000	30	15

第二章　货运调度员

第一节　应知知识

1. 车站应依据哪些规定办理货运业务？

答：车站应按照《货物运价里程表》规定的营业范围办理货运业务。遇有特殊情况必须临时加以限制时，属铁路局集团公司管内的，由铁路局集团公司批准，跨局的须经铁路总公司批准。

2. 由于设备大修、改建等原因限制整车货物到达时，车站有何规定？

答：由于设备大修、改建等原因限制整车货物到达时，应提前一个月办妥报批手续。

3. 对临时停限装事项，车站应做哪些工作？

答：对临时停限装事项，车站应在营业场所对外通告。

4. 凡要求停止零担货物到达的车站，应同时停止哪些业务？

答：凡要求停止零担货物到达的车站，应同时停止零担货物发送业务。

5. 由于重车积压卸车困难，要求发站必须停装或限装时，处理方法及权限是如何规定的？

答：由于重车积压卸车困难，要求发站必须停装或限装时，处理方法及权限的规定如下：

(1)卸车站要求发站停装和限装时，应说明原因和要求停限装的具体时间，并标明是否为“五定”班列或大宗货物直达列车的卸车站，以《停限装请求报告》逐级上报。

（2）各级货运调度收到《停限装请求报告》后，有关人员应及时处理。

（3）发站、到站为同一铁路局集团公司管内的停限装由铁路局集团公司批准；跨局的由铁路总公司批准；国际联运和出口的货物必须经铁路总公司批准。

（4）“五定”班列、口岸站进口物资原则上不准停装，特殊情况必须停装时，须报铁路总公司批准。

（5）停装和限装必须以调度命令批准，逐级下达。车站接到停装或限装命令后，要及时将停限装的原因和具体时间通知发货单位。

（6）对已到达卸车站收货人拒卸的重车，车站应查明原因协调解决，未经铁路总公司批准，任何单位不得原车返回发站。

6. 托运易腐货物、“短寿命”放射性货物时有何规定？

答：托运易腐货物、“短寿命”放射性货物时，应记明货物的容许运输期限。容许运输期限至少须大于货物运到期限三天。

7. 站内停放危险货物车辆时有何规定？

答：站内停放危险货物车辆时，应采取安全防护措施，对需要看护的重点危险货物，由车站派员看守并报告铁路公安部门。

8. 具有易燃易爆性质的危险货物装卸作业使用的照明设备及装卸机具有何规定？

答：具有易燃易爆性质的危险货物装卸作业使用的照明设备及装卸机具应具有防爆性能，并能防止由于装卸作业摩擦、碰撞产生火花。

9. 哪些货物禁止使用冷藏车、铁路冷藏集装箱装运？

答：冷藏车、铁路冷藏集装箱严禁用于装运易污染、腐蚀和损坏车辆或箱体的非易腐货物。

无包装的水果、蔬菜（西瓜、哈密瓜、南瓜、冬瓜除外）等易污染、损坏车内设备或箱体的易腐货物不得用冷藏车、铁路冷藏集装箱装运。

10. 铁路货车是如何分类的?

答:(1)国铁货车:凡属铁路总公司资产,涂有铁路路徽,按铁路总公司统一规定涂打车型标记、编号的货车。

涂有铁路路徽,按铁路总公司统一规定运用管理并涂打车型标记、编号的企业资产货车,统计为国铁货车。

(2)企业自备货车:凡属企业(包括铁路局集团公司、合资铁路、地方铁路及其下属企业)资产并取得“自备铁路车辆经国家铁路过轨运输证”的货车。

企业自备货车为车号左起第一位为“0”、第二位非“0”,车体标明“×××自备货车”、没有铁路路徽的货车。

军方特殊用途货车(车体标明客车基本记号者除外)比照企业自备车办理。

(3)内存货车:属企业(包括合资、地方铁路及其下属企业)资产但未取得“过轨运输证”,仅在本企业内承担社会运输任务的货车。

(4)外国铁路货车:属于国外资产的铁路货车。

11. 货车车种是如何分类的?

答:货车车种分类见下表。

主要类型	棚车	敞车	平车	罐车	冷藏车	集装箱车	矿石车	长大货物车	毒品车	汽车运输车	散装水泥车	散装粮食车	特种车	其他
基本记号	P	C	N	G	B	X	K	D	W	J	U	L	T	

12. 因货物装载加固不良造成事故的如何定责?

答:因货物装载加固不良造成事故,定货物承运单位责任;属托运人自装货物的,定托运人责任,货物承运单位监督检查失职的,追究货物承运单位同等责任。

13. 铁路货物运输种类分为哪几种?

答:铁路货物运输种类分为整车、零担和集装箱。

14. 哪些货物应优先运输?

答:对于抢险救灾物资、直接用于农业生产的物资、鲜活货物以及其他需要急运的物资,应优先运输。

15. 车站受理货物时应查验哪些资料?

答:车站应落实货物运输实名制。托运人为个人的,查验托运人身份证原件,留存复印件;托运人为单位的,查验营业执照、经办人身份证原件,留存营业执照、经办人身份证复印件及注明经办人信息、联系方式、联系地址及所用印章的证明材料。危险货物还应对托运危险货物安全协议、办理限制、到站、品名、托运经办人培训等情况进行核实。承运零散快运货物时,车站查验经办人身份证原件,留存经办人身份证复印件或采集影像资料。

16. 铁路运输中重点物资具体范围有哪些?

答:重点物资指国家明确指定运输的物资和关系国计民生需紧急运输的各类物资。其具体范围如下:

(1)国家明确指令运输的煤炭、石油、粮食、棉花等能源和战略性物资及军用物资;

(2)防洪抗旱、抢险救灾、支农(化肥、农药)等急需运输的物资;

(3)铁路生产和建设急需的钢轨、轨枕、桥梁、道岔、建筑材料、机械设备等路用材料;

(4)国务院各部委和各省、自治区、直辖市政府提出的关系工农业生产和人民生活急需运输的各类物资;

(5)对外贸易急需运输的国际联运、进、出口的物资;

(6)"五定"班列、大客户和铁路总公司确定的跨局大宗直达货物;

(7)铁路总公司临时指定运输的其他物资。

17. 装运易腐货物时使用的车辆有何规定?

答:在一定季节和区域内不易腐烂、变质、冻损的易腐货物,经托运人确认不影响货物质量的，承运人可根据托运人的要求，使用棚车或通用集装箱装运。使用棚车装运时，应按“使用棚车运输易腐货物的措施”规定办理。

18. 零散货物快运分哪几种方式?

答:零散货物快运分为环线快运和点对点快运两种方式。

19. 受理货物或上门取货时，受理人员应做到哪些工作?

答:受理货物或上门取货时，应认真核对货物品名、性质、重量、数量、规格尺寸、到站(到达地点)和特殊运输需求等信息，确认运输和包装防护条件符合安全要求，协助客户办理托运手续，并对货物进行安全检查。

20. 篷布按产权分为哪两种?

答:篷布是铁路货车辅助用具，按产权分为铁路篷布和自备篷布。铁路篷布是承运人提供的篷布。自备篷布是托运人自购自用的篷布。

21. 篷布的运用管理由谁负责?

答:铁路总公司负责全路篷布运用和统一管理。铁路局集团公司负责管内铁路篷布运用管理、自备篷布管理和篷布绳卡、篷布绳网管理。中铁集装箱运输有限责任公司负责铁路篷布购置、维修、报废等资产管理工作。

22. 篷布使用有何要求?

答:篷布仅用于苫盖敞车装运的怕湿、易燃货物或其他需要苫盖篷布的货物。毒害品、腐蚀性物品及污染性物品不得使用铁路篷布。

23. 铁路篷布如何办理回送?

答:铁路篷布凭调度命令回送。车站应填制“特殊货车及运送用具回送清单”一式两份，一份随车运送到站，一份留站存查(合资铁路、地方铁路回送铁路篷布时，应增加一份送交接站)。

24. 铁路篷布回送时，回送清单和货车篷布交接单填记有何要求?

答:铁路篷布回送时，回送清单填记回送铁路篷布的总张数，并将铁路篷布号码准确填制在货车篷布交接单上。运用篷布填制一式两份，一份留站存查，一份随车运送至到站，待修或待报废篷布增加一份交篷布修理所。

25. 跨局回送铁路篷布有何规定？

答：跨局回送铁路篷布限采用整车方式，每车一般不少于100张，少于100张时需经铁路总公司调度批准。使用敞车回送时，苫盖的铁路篷布按回送铁路篷布统计。

26. 铁路篷布回送途中变更到站时有何要求？

答：铁路篷布回送，途中变更到站时，原到站与变更后到站不属同一铁路局集团公司的须经铁路总公司调度批准，其他情况由铁路局集团公司调度批准。

27. 鲜活货物分为哪两大类？具体内容包括哪些？

答：鲜活货物分为易腐货物和活动物两大类：

(1)易腐货物包括肉、蛋、乳制品、速冻食品、冻水产品、鲜蔬菜、鲜水果、花卉植物等，按其热状态分为冻结货物、冷却货物和未冷却货物。冻结货物是指经过冷冻加工成为冻结状态的易腐货物。冷却货物是指经过冷却处理，温度在冻结点以上的易腐货物。未冷却货物是指未经过任何冷处理，完全处于自然状态的易腐货物。

(2)活动物包括禽、畜、兽、蜜蜂、水产品等。

28. 对装有鲜活货物列车车辆的运输组织有何要求？

答：各级调度对装有鲜活货物的列车、车辆应重点掌握，防止途中积压。对装有鲜活货物的车辆，除中间站装(卸)车可编入摘挂、小运转列车外，途中均应编入快运列车或直通、直达、区段列车。车辆在编组站、区段站的中转停留时间，原则上不得超过车站有关去向的货车中转停留时间。

29. 需洗刷除污车辆回送的要求是什么？

答：卸车单位没有货车洗刷除污条件的，车站应根据调度命令填写“特殊货车及运送用具回送清单”，向铁路局集团公司指定的洗刷除污站回送。

30. 发站如何申请使用机械冷藏车？

答：使用机械冷藏车（包括空车回送和回空代用），应由发站逐级上报铁路总公司调度部门，经铁路总公司调度命令承认后方可使用。车站应将调度命令号码填记在“机械冷藏车（BX 型车）装车通知单”内。

31. 易腐货物变更到站是如何规定的？

答：易腐货物需要变更到站时，可办理一次，但容许运输期限要大于重新计算的运到期限 3 日以上。

32. 托运活动物时有哪些要求？

答：托运人应按国家有关规定提出检疫证明，在货物运单“托运人记事”栏内注明检疫证明的名称和号码，车站凭此办理运输，并按规定在铁路货运电子商务系统中留存证明文件的影像资料。入境的国际铁路联运鲜活货物，凭海关的放行通知办理。

33. 蜜蜂在运输过程中有何规定？

答：为保证铁路作业安全，蜜蜂在车站和运输过程中不得放蜂。蜜蜂到达到站后，要尽快办理卸车、交付手续，并及时搬出货场。

34. 鲜活货物在运输中有何规定？

答：在鲜活货物运量集中的区段，应开行鲜活货物或以鲜活货物为主的班列、直达、快运等快速货物列车。在其他区段，应积极组织挂运快速货物列车。

35. 鲜活货物在运输组织中有何规定？

答：承运人应根据鲜活货物季节性强、运量波动大、时间要求快的特点，加强运输组织工作，坚持优先受理、优先配空、优先进货装车、优先取送、优先编组、优先挂运。

36. 鲜活货物在装卸车作业中有何规定？

答：托运人要落实货源，备齐单证，准备好必要的货物安全防护用品。车站、托运人、收货人应密切配合，及时做好装车、卸车和搬运工作，并采取必要的防护措施，防止货物在装卸、搬运过程中出现腐烂、变质、冻损、污染、生理病害、病残死亡等问题。

37. 使用机械冷藏车装运易腐货物有何规定?

答:使用机械冷藏车时，不同热状态的易腐货物不得按一批托运。按一批托运的易腐货物，一般限同一品名；不同品名的易腐货物，如运输温度要求接近、货物性质允许混装的，可按一批托运，在同一机械冷藏车内组织混装运输，此时，托运人应与发站和乘务组商定运输条件，签订运输协议，并将运输条件记录在货物运单"托运人记事"栏和"机械冷藏车作业单"内。

38. 机械冷藏车及冷藏集装箱装载货物的重量有何规定?

答:机械冷藏车装载货物的重量，不得超过车辆的标记载重量。冷藏集装箱总重应符合集装箱运输有关规定。

39. 鲜活货物是否能按零担运输?

答:铁路不办理鲜活货物零担运输。

40. 车站办理超限、超重货物发送、到达，应具备哪些基本条件?

答:车站办理超限、超重货物发送、到达，应具备下列基本条件：

(1)所在铁路线路已开办超限、超重货物运输；

(2)车站已开办货运业务；

(3)车站接发超限、超重列车固定线路和准许通行超限、超重车线路的实际建筑限界和桥涵承载能力满足超限、超重货物运输安全要求；

(4)有合格的超限、超重货物运输专业技术人员；

(5)有健全的超限、超重货物运输安全管理制度。

41. 车站在受理超限、超重货物时应做哪些工作?

答:车站受理超限、超重货物时，应认真审查托运人提出的有关技术资料。托运人提供的货物技术资料及相关证明文件齐全有效、符合规定，且货物发到站（含专用线、专用铁路）具备超限、超重货物运输条件的，发站应受理资料。

受理资料后，发站测量核对货物外形尺寸和重心位置，以超限超重货物运输申请电报向铁路局集团公司货运主管部门申请装运办法。

42. 超限、超重货物装车有何特殊要求？

答：超限、超重货物禁止无确认电报装车。车站接到铁路局集团公司确认电报后，通知托运人办理其他货运手续，并及时组织装车。

43. 超限、超重货物装车后车站应做好哪些工作？

答：装车后，车站应对照确认电报进行复核，发现货物装后尺寸、重车重心高度等数据超出确认电报范围的，发站须重新向铁路局集团公司拍发超限超重货物运输申请电报。

44. 哪些货物可不按超限货物办理？

答：装后超出机车车辆限界基本轮廓的货物，经铁路总公司批准，可不按超限货物办理。

45. 采用集装化运输的危险货物，包装有何要求？

答：采用集装化运输的危险货物，包装应符合《铁路危险货物运输管理规则》的要求，使用的集装器具应有足够的强度，能够经受堆码和多次搬运，并便于机械装卸。

46. 危险货物车种使用限制有何规定？

答：危险货物限使用棚车装运（《铁路危险货物品名表》"特殊规定"栏有特殊规定的除外）。装运时，同一车限同一品名、同一铁危编号。

47. 毒性物质车种使用限制有何规定？

答：毒性物质限使用毒品专用车，如毒品专用车不足时，经铁路局集团公司批准可使用铁底棚车装运（剧毒品除外）。

48. 危险货物在调车作业和运输编组隔离等作业中有何规定?

答:根据危险货物特殊性质,在调车作业和运输编组隔离、车辆技术检查、整备、检修等技术作业中需采取特殊防护事项,要有明确规定,并应书面通知有关单位和人员。

49. 危险货物包装上应牢固、清晰地标明哪些标志?

答:货物包装上应牢固、清晰地标明《危险货物包装标志》和《包装储运图示标志》中相应的包装标志和储运标志。

50. 装运危险货物需停止制动作用的货车时,发站应做到哪些?

答:装运需停止制动作用的货车时,车站应书面通知所在地货车车辆段,由货车车辆段组织相关运用作业场派员关闭截断塞门并施封,封上应有"停止制动"字样,车站在货票上注明"停止制动"。

51. 装运危险货物需停止制动作用的货车时,到站卸车后应做到哪些?

答:到站卸车后,车站应书面通知所在地货车车辆段,由货车车辆段组织相关运用作业场派员拆封,并确认铁路货车自动制动机技术状态良好后开启截断塞门。

52. 危险货物自备货车过轨运输实行什么管理?

答:危险货物自备货车过轨运输应按照《自备铁路车辆经国家铁路过轨运输管理办法》实行协议制管理。

53. 什么情况下易腐货物可使用通用集装箱装运?

答:在一定季节和区域内不易腐烂、变质、冻损的易腐货物,经托运人和承运人协商一致后,在保证不影响货物质量的前提下,可使用通用集装箱装运。

54. 集装箱装运危险货物要严格执行什么规定?

答:集装箱装运危险货物应执行《铁路危险货物运输管理规则》等铁路危险货物运输规定。

55. 按一批托运的集装箱箱型有何规定?

答:集装箱运输,每批必须是标记总重相同的同一箱型。铁路箱和自备箱不得按一批办理。

56. 哪些货物不得使用集装箱运输?

答:块煤之外的其他煤和铁矿石品类的货物不得使用集装箱运输,重箱卸船后不掏装箱直接经铁路运输的除外。

57. 在车站存放铁路箱时有何规定?

答:在车站存放的铁路箱不得挪作他用。如有挪用,对挪用者自挪用之日起核收规定费率 2 倍的集装箱延期使用费。

58. 使用铁路货车装运集装箱时,全车集装箱总重有何规定?

答:使用铁路货车装运集装箱时,全车集装箱总重不得超过货车标记载重,且应符合货车装载技术条件要求,保证货车不出现超载、偏载、偏重等问题。集装箱不得与其他货物装入同一辆货车内。

59. 集装箱运输实行什么政策?

答:集装箱运输实行优先受理、优先配车、优先挂运、优先排空箱的政策,统计报表单独统计。

60. 车站办理危货箱时应核查哪些内容?

答:车站办理危货箱时,应对品名、包装、标志、标记等进行核查,防止匿报、谎报危险货物或在危货箱中夹带违禁物品。严禁在站内办理危货箱的装箱、掏箱作业。

61. 办理罐式箱运输时有何规定?

答:办理罐式箱运输时,托运人、收货人、发到站、专用线、货物品名等应与办理限制相符。限使用集装箱专用平车(含两用平车)运输。

62. 装运集装箱的车辆有何规定?

答:集装箱应使用集装箱专用平车或共用平车装运。禁止使用普通平车装运。确需使用敞车装运集装箱时,运行速度应执行有关规定,装运重箱时应采取防止偏载的措施。板架式汽车箱按其运输条件执行。

第二节　应会知识

1. 铁路运输企业什么情况下对货物发生的损失承担赔偿责任?

答:铁路运输企业从接收行包、货物时起,至将行包、货物交付收货人时止,对保价行包、货物发生的损失承担赔偿责任。

2. 由于哪些原因造成保价行包、货物损失的,铁路运输企业依法不承担赔偿责任?

答:由于下列原因造成保价行包、货物损失的,铁路运输企业依法不承担赔偿责任:

(1)不可抗力;

(2)货物或行包中的物品本身的自然属性,或者合理损耗;

(3)托运人(含押运人)、收货人或者旅客的过错。

3. 货物托运人或收货人向铁路运输企业提出赔偿要求的有效期限是如何规定的?

答:货物托运人或收货人向铁路运输企业提出赔偿要求的有效期限为 180 日。有效期限起算日期:行包损失时为交付的次日;货物部分损失时为铁路运输企业交给货运记录的次日;逾期未到的,为运到期限期满后的第 31 日。

4. 托运人或收货人向铁路运输企业要求赔偿时,应提出哪些资料?

答:托运人或收货人向铁路运输企业要求赔偿时,应按批向到站或发站提出"赔偿要求书",并附证明保价行包、货物损失的记录(原件)和其他有关证明文件。

5. 承运人同托运人或收货人相互间要求赔偿或退补费用的有效期间是如何规定的?

答:承运人同托运人或收货人相互间要求赔偿或退补费用的

有效期间为 180 日，但要求承运人支付违约金的有效期间为 60 日。

6. 托运人或收货人要求承运人支付违约金有效期的起算时间是如何规定的?

答:有效期间由下列日期起算:

(1)货物灭失、损坏或铁路运输设备损坏，为承运人交给货运记录的次日;货物全部灭失未编有货运记录，为运到期限满期的第 31 日。

(2)多收或少收运输费用，为核收该项费用的次日。

(3)要求支付违约金，为交付货物的次日。

7. 货物装车和卸车工作有何要求?

答:货物装车或卸车，应在保证货物安全的条件下，积极组织快装、快卸，昼夜不间断地作业，以缩短货车停留时间，加速货物运输。

8. 托运人或收货人组织装车或卸车的货车，车站应做到哪些?

答:由托运人或收货人组织装车或卸车的货车，车站应在货车调到前，将调到时间通知托运人或收货人。托运人或收货人在装卸车作业完了，应将装车完了或卸车完了时间通知车站。

托运人或收货人负责组织装卸的货车，超过规定的装卸车时间标准或规定的停留时间标准，承运人应向托运人或收货人核收规定的货车延期占用费。

9. 车辆代用有何规定?

答:承运人应按照运输合同约定的车种拨配适当的车辆。承运人如无适当货车拨配，在征得托运人同意、保证货物安全、货车完整和装卸作业方便的条件下可以代用。以长大货物车、冷藏车代替其他车辆及改变罐车使用范围时，应经铁路总公司承认;其他车辆代替棚车时，应经铁路局集团公司承认。

车辆代用必须符合《铁路货物装载加固规则》中“货车使用限制表”的规定。

10. 哪些货物运输必须使用棚车装运?

答:对保密物资、涉外物资、精密仪器、展览品,能用棚车装运的必须使用棚车装运,不得用其他货车代替。

11. 卸车时发现车票不符时如何处理?

答:卸车前,发现系统显示的车号与实际现车不一致的通知行车部门处理;发现系统显示重车带票实际为空车的不能卸车,由车站按票车不符流程处理;发现现车系统推送的票据号码同票据库货车绑定票据号码不一致的,通知行车及相关部门处理;发现系统显示货物名称同实际货物不符的,通知行车及相关部门处理。

12. 装过哪些货物的货车在卸车后需洗刷除污?

答:对装过活动物、鲜鱼介类、污秽品等货物的车辆,以及受易腐货物污染的冷藏车和《铁路危险货物运输管理规则》中规定必须洗刷消毒的货车,由铁路负责洗刷并按规定或依照卫生(兽医)人员的要求进行消毒,费用由收货人负担。如收货人有洗刷、消毒设备时,也可由收货人自行洗刷、消毒。

13. 需要洗刷除污的货车在卸车后车站应如何处理?

答:按规定卸后须洗刷除污的货车,应在卸车站洗刷除污。如卸车站洗刷除污有困难时,须凭铁路局集团公司调度命令向指定站回送。对回送洗刷除污的货车,卸车站应清扫干净,并在两侧车门外部及车内明显处所粘贴"货车洗刷回送标签"各一张,货物如有撒漏,应在标签上注明。洗刷除污站应按规定要求洗刷除污后将标签撤除,并在车内外两侧车门附近粘贴"洗刷工艺合格证"各一张。

14. 危险货物罐车装卸作业的地点有何规定?

答:危险货物罐车装卸作业应在专用线内办理。

15. 货运日常工作部门应掌握哪些日常货源情况?

答:各级货运日常工作部门,负责掌握日常货源情况:

(1)纳入"五定"班列和大宗货物直达列车的货物;

(2)批准的月编货运计划、日常货运计划的货物;

(3)铁路总公司、铁路局集团公司命令批准必须紧急装运的货物。

16. 重点物资日常装车组织的要求有哪些?

答:重点物资日常装车组织要求:

(1)对于列入月度货物运输计划(包括日常货运计划)的各类重点物资,日常工作中都要坚持"三优先",即优先安排去向,优先安排空车,优先安排挂运,保证及时运输。除特殊情况或托运人原因外,要保质保量完成计划,不得欠装。

(2)对铁路总公司下达的专项运输任务和必须运输的救灾物资,各级运输部门接到通知后,都要指定专人负责,主动与有关部门联系,落实货源,安排好装车日期和日历进度,保证按期完成。

(3)铁路总公司下达的装车命令中指定装运的重点物资,各铁路局集团公司都要优先组织装运,按期装出。

17. 卸车工作组织原则是什么?

答:卸车是保证运输连续不断再生产的关键环节。货运日常组织工作中必须贯彻"一卸、二排、三装"的运输组织原则,以卸保排,以卸保装。

18. 货运日常工作的基本任务是什么?

答:根据国家有关运输方针政策及铁路运输组织原则,与运输调度及货运计划部门紧密衔接,通过装车工作组织、卸车工作组织、货运调度工作组织,努力挖潜提效,高质量、高标准地完成铁路运输生产经营计划和重点物资运输任务。

19. 货运日常工作组织原则是什么?

答:(1)贯彻执行国家运输政策和铁路运输法律及规章制度。

(2)贯彻"统筹安排、保证重点"的方针,优先安排关系国民经济、国防需要和人民日常生活必需品等重点物资及重点企业、重点用户的物资运输。

(3)坚持运输集中统一指挥的原则。

(4)坚持"一卸、二排、三装"的运输组织原则。

(5)坚持计划运输、直达运输和均衡运输的原则。

20. 货运调度的基本任务是什么?

答:货运调度的基本任务是:编制、执行货运日班计划,及时了解和掌握装、卸车及重点物资运输情况,组织货流车流紧密衔接,质量良好地完成装、卸车和重点物资运输任务。

21. 货运调度员应做好哪些工作?

答:各级货运调度员应做好下列工作:

(1)认真掌握管内工作车去向。重点掌握十八点在站待发和在途运行的管内工作车的移动情况;对分界口接入管内重车,特别是整列重车,应及时向卸车站通报,并检查落实卸车准备工作。

(2)按阶段检查包括使用车在内的装车去向。对发往限制区段的去向必须严格掌握,不得任意超装。

(3)按阶段检查落实重点物资装运情况,掌握货源和空车来源,确保重点物资按计划完成。

(4)按阶段了解掌握主要厂矿、港口、口岸站的取送车、换装作业等情况,确保完成日班计划。

(5)中间站卸后利用的零星空车,可装运有月度货物运输计划未纳入日计划的货物,但必须以铁路局集团公司调度命令承认。当向外局装车超过限制去向数时,须经铁路总公司以调度命令批准。

(6)必须紧急运输的军用、防洪、抢险、救灾、防疫、抗旱、排涝、抢种、抢收等货物,可不受日计划装车的限制,分别以铁路局集团公司、铁路总公司调度命令批准后组织装运。

(7)各级货运调度人员负责电传、接收《停限装请求报告》。

(8)各级货运调度应及时、准确、清晰地发布有关调度命令、填记各种表报，按规定逐级上报，并对本班工作作出简要分析。

22. 机械冷藏车组和BX型车组分装或分卸作业有何规定？

答：机械冷藏车组和BX型车组，可组织同一到站卸车的两站分装，或同一发站装车的两站分卸。但两分装或分卸站应为同一径路，距离不超过500 km。第一装车站的装车数或第二卸车站的卸车数不得少于全组车的一半（枢纽地区除外）。

23. 机械冷藏车组两站分装（卸）的含义是什么？

答：两站分装（卸）是指机械冷藏车组中不同货物车在不同车站装（卸）车，同一货物车只能在一个车站装（卸）车。

24. 鲜活货物装车时对车辆使用限制有何要求？

答：承运人应调配技术状态良好、干净清洁的铁路货车（集装箱），托运人在装车（箱）前必须检查车辆（集装箱）状况，发现状态不良不能保证货物安全和运输质量的，应及时提出，承运人应予调换；对不清洁的车辆（集装箱），车站要组织清扫、洗刷。按规定需要消毒的，由托运人按卫生部门和动物卫生监督部门要求办理。

25. 装运活动物的车辆由谁确定是否适用？

答：拨配的车辆是否适合装运活动物由托运人检查确定，托运人认为车辆不适合时，承运人应予以调换。

26. 车站取送车作业时应做好哪些工作？

答：车站应做好日班装车作业计划和卸车预确报工作，并根据装卸作业、待装货物和货位情况，确定取送车计划，及时取送。送车要对准货位。装卸作业始末时间和取送车始末时间，均应有汇报和登记制度。

27. 车站向专用线送车前应做到哪些工作？

答：车站应按企业使用车要求拨配状态良好的货车。车站在向专用线送车前，按协议规定时间，向专用线发出送车预、确报。内容包括：空、重车数，车种，货物品名，收货人，去向，编组顺序，数车时间。

28. 危险货物运输作业组织应做到哪些?

答:危险货物应快装、快卸、快取、快送、优先编组、优先挂运。

29. 对到达的危险货物有何规定?

答:对到达的危险货物要及时通知收货人,做到及时交付货物,及时取送车辆。

30. 铁路货车统计的基本任务是什么?

答:铁路货车统计的基本任务是:适应铁路运输生产管理和产品结构的发展变化,使用科学的统计方法和先进的统计手段,及时、全面、准确地收集、加工、分析、提供铁路货车统计资料,为铁路运输生产管理、企业经营管理和宏观决策等提供依据。

31. 铁路货车的统计范围有哪些?

答:凡在铁路总公司管理(含委托管理)铁路线路范围内的铁路货车运用、检修、装卸和列车运行,均按铁路货车统计规则进行统计。

32. 何谓分界站?

答:是指由铁路总公司批准承认的货车运用管理区域间的分界车站及国境分界车站。包括设在铁路局集团公司、合资及地方铁路线上的分界车站,不包括各种交接站。

33. 统计区段的含义是什么?

答:是指按铁路总公司统一划分原则确定的,满足铁路各项统计需要的线路统计区段。

34. 统计报告制度是如何规定的?

答:《铁路货车统计规则》中各种报表,均以北京时间为标准,采用 18 点结算制,即自昨日 18:00(不含)起至本日 18:00 止 24 h 为统计报告日。各种报表通过网络传输,逐级上报。

35. 现在车按产权所属分为哪几种?

答:现在车按产权所属分为国铁货车、企业自备货车、内存货车、外国铁路货车。内存货车比照企业自备货车进行统计。

36. 现在车按运用状况分为几种?

答:现在车按运用状况分为运用车和非运用车。

37. 何谓运用车?

答:运用车是指参加铁路营业运输的国铁货车、企业自备货车、外国铁路货车、内存货车、企业租用车、军方特殊用途重车。

38. 运用车分为哪几种?

答:运用车分为重车和空车。

39. 何谓重车?

答:(1)实际装有货物并具有货物运单的货车;

(2)卸车作业未完的货车;

(3)倒装作业未卸完的货车;

(4)以"特殊货车及运送用具回送清单"手续装载整车回送铁路货车用具(国铁篷布、空集装箱及军用备品等)的货车;

(5)填制货物运单的游车。

40. 何谓空车?

答:(1)实际空闲的货车;

(2)装车作业未完的货车;

(3)倒装作业未装完的货车;

(4)运用状态下的机械冷藏车的工作车;

(5)循环快运列车中装载装卸工具的车辆。

41. 何谓非运用车?

答:非运用车是指不参加铁路营业运输的国铁货车(包括租出空车),在专用线、专用铁路内的已获得"过轨运输证"的企业自备货车,在站装卸作业企业自备空车,在本企业内的内存空车,军方特殊用途空车以及国铁特种用途车。

42. 何谓备用车?

答:备用车是指为了保证完成临时紧急任务的需要所储备的技术状态良好的国铁空货车。

43. 如何确定备用车的备用和解除时间？

答：备用车的备用和解除时间根据铁路总公司、铁路局集团公司当日调度命令批准，由车站调度员或车站值班员填写“运用车转变记录（运统 6）”并签字的时分起算。

44. 备用货车分为哪几种？

答：备用货车分为特殊备用车、军用备用车、专用货车（包括罐车、冷藏车、集装箱车、矿石车、长大货物车、毒品车、汽车运输车、散装水泥车、散装粮食车和涂有“专用车”字样的一般货车）备用车和国境、港口站备用车。

45. 何谓路用车？

答：为铁路总公司批准作为铁路各单位运送非营业运输物资或用于特殊用途的货车。

46. 何谓特种用途车？

答：特种用途车指因为路内特殊用途需要专门制造不能装运货物的特种用途车（包括试验车、发电车、轨道检查车、检衡车、除雪车等）。

47. 如何计算货车停留时间？

答：凡计算车站出入的运用车，由到达、转入或加入时起至发出、转出或退出时止的全部停留时间（不包括其中转入非运用车的停留时间）均应统计停留时间，但中间站利用列车停站时间进行装卸（循环快运货物列车挂运的零快货车及沿途零担车除外），装卸完了仍随原列车继续运行时，只计算作业次数不计算停留时间。

48. 货车停留时间按作业性质分为什么？

答：货车停留时间按作业性质分为货物作业停留时间和中转停留时间。

49. 何谓货物作业停留时间？

答：货物作业停留时间为运用车在站线（包括区间，下同）、专用线(包括路产专用线,下同)及专用铁路内进行装卸、倒装作业所停留的时间。

50. 何谓入线前停留时间?

答:由货车到达时起至送到装卸地点时止,以及双重作业货车由卸车完了时起至送到另一装车地点时止的时间。

51. 何谓站线作业停留时间?

答:由货车送到装卸地点时起至装卸作业完了时止的时间。

52. 何谓专用线作业停留时间?

答:由货车送到装卸地点时起至装卸作业完了时止的时间。如规定以企业自备机车取送车辆时,以双方将货车送到规定地点的时分计算。

53. 何谓出线后停留时间?

答:由货车装卸作业完了时起至发出时止的时间。

54. 何谓中转停留时间?

答:中转停留时间为货车在车站进行解体、改编、中转技术作业及其他中转作业(包括变更到站、装载整理及洗刷消毒的货车,按规定进行洗罐的罐车除外)所停留的时间。

55. 何谓装车数?

答:凡在铁路货运营业站承运并填制货物运单,以运用车运送货物的装车,均统计为装车数。

56. 哪些装车统计为整车货物装车数?

答:(1)由营业站承运的装车;

(2)港口站的装车及不同轨距联轨站换装货物的装车;

(3)填制货物运单的游车;

(4)填制货物运单免费回送货主的货车用具和加固材料的整车装车;

(5)按80%核收运费的企业自备车、企业租用车和路用车的装车(按轴公里计费的除外);

(6)填制货物运单核收运费的站内搬运的装车。

57. 哪些情况统计为零散快运装车数?

答:(1)在装车站装载的一站直达整零的装车或在装车站装载自站发送货物占全部货物重量一半及以上的装车;

(2)按照列车编组计划或以调度命令指定挂运的零散货物快运车辆,在装车站装载自站发送货物(超过 10 t 为标准)占全部货物一半及以上,统计为“零快”装车数。

58. 哪些集装箱装车统计为集装箱货物装车数?

答:整车集装箱在装车站装载自站发送集装箱其换算箱数占全部换算箱数一半及以上的装车。

59. 卸车数统计的定义是什么?

答:凡填制货物运单以运用车运送,到达铁路货运营业站的卸车,均统计为卸车数。

60. 哪些货物卸车统计为整车货物卸车数?

答:(1)到达营业站货物的卸车;

(2)港口站的卸车及不同轨距联轨站换装货物的卸车;

(3)填制货物运单的游车;

(4)填制货物运单免费回送货主的货车用具和加固材料的整车卸车;

(5)按 80%核收运费的企业自备车、企业租用车和路用车的卸车(按轴公里计费的除外);

(6)填制货物运单核收运费的站内搬运的卸车。

61. 哪些货物卸车统计为整装零担及零散快运货物卸车数?

答:(1)在终到站到达的一站直达整零的卸车或在终到站到达自站货物占全部货物重量一半及以上的卸车;

(2)按照列车编组计划或以调度命令指定挂运的零散货物快运车辆,在卸车站到达自站货物(以超过 10 t 为标准)占全部货物一半及以上,统计为“零快”卸车数。

62. 哪些集装箱卸车统计为集装箱货物卸车数?

答:整车集装箱在终到站到达自站集装箱其换算箱数占全部换算箱数一半及以上的卸车。

63. 何谓待卸车数?

答:凡到达铁路营业站的重车在本统计报告日内实际尚未卸完的,均统计为待卸车数。

64. 零散快运车在什么情况下统计为增加使用车数?

答:按照列车编组计划或以调度命令指定挂运的零散货物快运车辆,在装车站装载中转货物(以超过 10 t 为标准)占全部货物重量一半以上,统计为增加使用车数。

65. 零散快运车在什么情况下统计为增加卸空车数?

答:按照列车编组计划或以调度命令指定挂运的零散货物快运车辆,在卸车站到达中转货物(以超过 10 t 为标准)占全部货物重量一半以上,统计为增加卸空车数。

66. 集装箱车在什么情况下按增加使用车计算?

答:在装车站装载中转集装箱,其换算箱数超过全部换算箱数一半的装车按增加使用车计算。

67. 集装箱车在什么情况下按增加卸空车计算?

答:在终到站到达中转集装箱,其换算箱数超过全部换算箱数一半的卸车按增加卸空车计算。

68. 何谓装卸作业次数?

答:装卸作业次数为车站在一定时期内所完成的装车、卸车作业及其他货车作业的总次数。

69. 如何确定企业自备货车、企业租用车及内存货车装车作业完了时分?

答:以装车作业完了并填妥货物运单时分为准,有规定交接地点时须以到达交接地点时分为准。

70. 如何确定企业自备货车、企业租用车及内存货车卸车作业完了时分?

答:以卸车作业完了时分为准,有规定交接地点时须以到达交接地点时分为准。

71. 哪些货车不计算装卸车数和作业次数?

答:(1)各种非运用车的装卸(按一般货运手续办理的装车应转为运用车)。

(2)变更到站的重车。

(3)不论是否摘下而进行货物装载整理的货车。

(4)在本企业专用线内或不经过铁路营业线的两个企业间搬运货物的装卸。

72. 装车计划兑现率如何计算?

答:装车计划兑现率=(实际装车数/装车计划数)×100%。

73. 分品类装车兑现率如何计算?

答:分品类装车兑现率=(品类装车数/品类计划数)×100%。

74. 直达车比重如何计算?

答:直达车比重=(实际直达车数/实际装车数)×100%。

75. 重点物资装车命令兑现率如何计算?

答:重点物资装车命令兑现率=(实际装车数/指定装车数)×100%。

76. 卸车兑现率如何计算?

答:卸车兑现率=(实际卸空车数/应卸车数)×100%。

77. 夜间卸车比重如何计算?

答:夜间卸车比重=(6 点实际卸空车数/应卸车数)×100%。

78. 待卸率如何计算?

答:待卸率=(18 点待卸车数/实际卸空车数)×100%。

79. 易腐货物在运输途中需保留时有何规定?

答:装有易腐货物的车辆,在运行途中不得保留积压。遇有特殊情况需要保留时，保留站应立即向铁路局集团公司调度、货运部门报告，同时采取措施妥善处理，并在货票记事栏内记明滞留原因和时间。

第三节　应急处置

1. 发现货物被盗、火灾等情况时应向哪些部门汇报？

答：发现货物被盗、火灾等情况，发现单位（人）应立即向公安、消防部门报案。

2. 货物损失涉及铁路交通事故应向哪些部门汇报？

答：货物损失涉及铁路交通事故的，应通知铁路局集团公司列车调度、安全监督管理部门。

3. 货物损失涉及车辆技术状态时应向哪些部门汇报？

答：货物损失涉及车辆技术状态的，应通知车辆部门。

4. 货物损失涉及活动物或食品污染变质时应向哪些部门汇报？

答：货物损失涉及活动物或食品污染变质的，应通知防疫、检疫部门。

5. 货物损失涉及参加保险时应向哪些部门汇报？

答：货物损失涉及参加保险的货物，必要时应通知保险公司。

6. 货物损失涉及海关监管的货物时应向哪些部门汇报？

答：货物损失涉及海关监管的货物，应通知海关监管部门。

7. 货物损失涉及环境污染的货物时应向哪些部门汇报？

答：货物损失涉及环境污染的货物，应通知环保部门；必要时还应通知托运人（收货人）。

8. 什么情况下应拍发“货物损失速报”？

答：发现火灾，罐车装运的压缩气体、液化气体泄漏，剧毒品、爆炸品、放射性物品被盗丢失以及估计损失款额达到一级损失等情况时，应在 1 h 内逐级报告，并在 24 h 内向有关车站、直属站段、铁路局集团公司和有关铁路公安部门以电报形式拍发“货物损失速报”，抄送铁路总公司货运部。

9. 货物损失速报内容包括哪些？

答：货物损失速报内容如下：

(1)损失等级、种类。

(2)发现损失的时间、地点。

(3)发站、到站、品名、承运日期。

(4)车种、车型、车号、货票号码、办理种别、保价或保险金额(金额前注明“保价”、“铁险”或“商险”字样)。

(5)损失概要。

(6)对有关单位的要求。

拍发速报时，在电文首部冠以“货物损失速报”字样，(1)至(6)项为各项代号。速报由车站主管领导审核签发。

10. 货物装载加固状态途中发现哪些问题时，应立即停车处理？

答：发现下列问题，应立即停车处理：

(1)卧装卷钢，发生滚动。

(2)货物活动部件发生旋转、开放，会刮打行车设备或影响邻线机车车辆。

(3)存在直接危及行车安全的其他情形。

11. 货物装载加固状态途中发现哪些问题时，应在前方站停车处理？

答：发现下列问题，应在前方站停车处理：

(1)焦炭围挡倒塌。

(2)存在危及行车安全的其他情形。

12. 货物装载加固状态途中发现哪些问题时，应在前方停车站处理？

答：发现下列问题，应在前方停车站处理(若途经货检站，应在货检站停车处理)：

(1)加固材料松动,但不会发生货物活动部件旋转、开放。

(2)存在行车安全隐患的其他情形。

13. 因承运人责任,将货物误运到站或误交付应如何处理?

答:因承运人责任,将货物误运到站或误交付,承运人应编制货运记录将货物运到正当到站交给收货人。

14. 零散货物发生货损、货差或票据丢失等情况时应如何处理?

答:货物发生货损、货差或票据丢失等情况时,由到局中心站或到达作业站编制记录,并于列车到达 60 min 内向发到局中心站或发站拍发电报,抄送发到局。

15. 发生危险货物运输事故造成货物损失时,按什么规定进行报告?

答:发生危险货物运输事故造成货物损失时,按《铁路货物损失处理规则》规定进行报告,同时按《危险货物运输事故分析报告》填报。

16. 发生铁路危险货物运输事故,铁路各级有关部门应当立即做什么?

答:发生铁路危险货物运输事故,铁路各级有关部门应当立即组织铁路危险货物运输各相关单位,按照铁路危险货物运输事故应急预案组织实施救援,不得拖延、推诿。

17. 到达鲜活货物出现腐烂、变质等问题时到站应如何处理?

答:到达货物出现腐烂、变质、冻损、污染、生理病害、病残死亡等问题时,到站应立即组织卸车并按规定编制货运记录,使用机械冷藏车的应会同乘务组组织卸车。收货人有异议的,不得拒绝卸车或中途停止卸车,否则因此造成的扩大损失由收货人承担。

18. 运输途中发现易腐货物腐烂、变质等问题时发现单位应如何处理?

答:运输途中发现易腐货物腐烂、变质、冻损、污染、生理病害、病残死亡等问题时，发现单位应立即通知车站联系托运人、收货人并妥善处理，防止货物损失扩大。

19. 铁路箱损坏按什么原则划分责任?

答:铁路箱损坏责任按下列原则划分：

（1）到站卸车发现损坏，除卸车作业导致损坏、能判明其他责任者、发站证明没有责任的以外，由发站赔偿；站内掏箱发现集装箱地板、端侧壁、顶部等内部损坏，除掏箱作业导致损坏及能判明其他责任者以外，由发站赔偿。到达的集装箱出站后，发站不再承担赔偿责任。

到站认为集装箱损坏为发站责任的，应于卸车或站内掏箱24 h内拍照，编制“铁路箱破损记录”；将损坏情况以电报拍发给发站，抄送发送、到达铁路局集团公司货运部门以及总公司货运部、铁路箱产权单位。

（2）集装箱在车站（包括：站内、站外、铁路专用线、专用铁路等）发生损坏，由该站赔偿；车站应拍照并编制“铁路箱破损记录”。

集装箱损坏属托运人、收货人、铁路专用线、专用铁路、接取送达单位等责任的，车站按规定索赔。

（3）返回车站的集装箱在站外发生损坏时，由收货人或接取送达单位赔偿；收货人认为属托运人装箱等原因导致地板、端侧壁、顶部等内部损坏的，由收货人向托运人索赔。

20. 危险货物发生泄漏、火灾及其他行车事故时，车站应做到哪些?

答:危险货物发生泄漏、火灾及其他行车事故时，车站应立即启动应急预案，迅速向铁路有关部门、地方政府及公安、消防、环保、卫生防疫部门报告，并速请熟悉货物性质及罐体构造的部门协助处置。要设立警戒区，组织人员向逆风方向疏散，防止危险货物流入水域。易燃、有毒液体发生泄漏时，应及时阻断火源。对标有“禁水”标记的罐车，严禁用水施救。对有毒气体施救时应站在上风方向,防止中毒事故发生。

21. 凡性质不稳定或由于聚合、分解在运输中能引起剧烈反应的危险货物,托运人应采取什么措施保证运输安全?

答:凡性质不稳定或由于聚合、分解在运输中能引起剧烈反应的危险货物,托运人应采用加入稳定剂或抑制剂等方法,保证运输安全。

22. 气体类危险货物罐车运输变更有何规定?

答:气体类危险货物罐车运输不允许办理运输变更或重新托运,如遇特殊情况需要变更或重新托运时,需经铁路局集团公司批准。

危险货物运输变更或重新托运应符合《铁路危险货物运输管理规则》有关要求。

23. 易腐货物运输变更有何规定?

答:易腐货物原则上不办理变更到站。确需变更时,可变更到站一次,且容许运输期限要大于重新计算的运到期限三日以上。

24. 蜜蜂运输变更有何规定?

答:蜜蜂运输不办理变更到站。

25. 超限、超重货物运输变更有何规定?

答:超限、超重货物变更到站时,除按普通货物变更有关规定办理外,还应遵守下列规定:

(1)受理变更的车站应为超限超重货物办理站。

(2)受理变更的车站应对货物的装载加固状况进行检查,确认状态良好后以电报向铁路局集团公司重新申请,并注明原确认电报发布单位、电报号码、新到站及车号。

(3)受理变更的铁路局集团公司按规定确认或申请,变更后的运输要求按新确认电报执行。

(4)受理变更的车站应在“超限超重货物运输记录”中签认。

第三章　货运安全员

第一节　应知知识

1. 托运人对其在货物运单和物品清单内所填记事项的真实性应负完全责任,什么情况下还应按照规定支付违约金?

答:托运人对其在货物运单和物品清单内所填记事项的真实性应负完全责任,匿报、错报货物品名、重量时还应按照规定支付违约金。

2. 托运易腐货物、“短寿命”放射性货物时,应记明什么?

答:托运易腐货物、“短寿命”放射性货物时,应记明货物的容许运输期限。容许运输期限至少须大于货物运到期限 3 天。

3. 对没有统一规定包装标准的,车站如何办理?

答:对没有统一规定包装标准的,车站应会同托运人研究制定货物运输包装暂行标准,共同执行。对于需要试运的货物运输包装,除另定者外,车站可与托运人商定条件组织试运。

4. 哪些货物必须使用棚车装运?

答:对保密物资、涉外物资、精密仪器、展览品,能用棚车装运的必须使用棚车装运,不得用其他货车代替。

5. 承运人应拨配状态良好,清扫干净的货车装运货物。装车前,装车单位应对车厢做哪些检查?

答:承运人应拨配状态良好,清扫干净的货车装运货物。装车前,装车单位应对车厢的完整和清洁状况进行检查。

6. 哪些情形按施封锁失效处理?

答:(1)钢丝绳的任何一端可以自由拔出,锁芯可以从锁套中自由拔出；

(2)钢丝绳断开后再接，重新使用；

(3)锁套上无站名、号码和站名或号码不清、被破坏。

7. 货物运到期限的计算是如何规定的?

答:货物运到期限从承运人承运货物的次日起，按下列规定计算：

(1)货物发送期间为 1 日。

(2)货物运输期间:每 250 运价公里或其未满为 1 日；按快运办理的整车货物每 500 运价公里或其未满为 1 日。

(3)特殊作业时间：

①需要中途加冰的货物，每加冰一次，另加 1 日。

②运价里程超过 250 km 的零担货物和一吨集装箱货物，另加 2 日；超过 1 000 km 加 3 日。

③一件货物重量超过 2 t、体积超过 3 m^3 或长度超过 9 m 的零担货物及零担危险货物另加 2 日。

④整车分卸货物，每增加一个分卸站，另加 1 日。

⑤准、米轨间直通运输的整车货物，另加 1 日。

货物运到期限，起码天数为 3 日。

8. 货物实际运到日数的计算是如何规定的?

答:货物实际运到日数的计算:起算时间从承运人承运货物的次日(指定装车日期的，为指定装车日的次日)起算。终止时间，到站由承运人组织卸车的货物，到卸车完了时止；由收货人组织卸车的货物，到货车调到卸车地点或货车交接地点时止。

9. 货物在运输过程中什么原因造成的滞留时间，应从实际运到日数中扣除?

答:(1)因不可抗力的原因引起的；

(2)由于托运人责任致使货物在途中发生换装、整理所产生的；

(3)因托运人或收货人要求运输变更所产生的；

(4)运输活动物,由于途中上水所产生的;

(5)其他非承运人责任发生的。

由于上述原因致使货物发生滞留时,发生货物滞留的车站,应在货物运单"承运人记载事项"栏内记明滞留时间和原因。到站应将各种情况所发生的滞留时间加总,加总后不足1日的尾数进整为1日。

10. 哪些情况下,承运人不办理货物运输变更?

答:(1)违反国家法律、行政法规、物资流向、运输限制和蜜蜂的变更;

(2)变更后的货物运到期限大于容许运输期限;

(3)变更一批货物中的一部分;

(4)第二次变更到站。

11. 货物在运输过程中,发现货物实际品名与货物运单记载不符时,应如何处理?

答:货物实际品名与货物运单记载不符时:根据政府法令需要有证明文件方能运输的货物,应即报请当地政府的主管机关,按其指示办理;危险货物以其他品名托运,应即报请主管铁路局集团公司,按其指示处理。

12. 货物在运输过程中,发现货物重量超过使用的货车容许载重量时,应如何处理?

答:货物重量超过使用的货车容许载重量时,应进行换装或将超载部分卸下。对卸下的货物,处理站应编制货运记录,凭记录将货物补送到站。但对超载卸下的不易计算件数的货物,按零担运输有困难时,应电告发站转告托运人提出处理办法,如从发站发出通知的次日起,经过10日,未接到答复时,该项货物可按无法交付货物处理。

13. 货物的运到期限满期后未到,车站应如何处理?

答:货物的运到期限满期后经过15天,或鲜活货物超过运到期限仍不能在到站交付货物时，车站应于当日编制货运记录交给收货人。

运到期限满期后，经过30天，仍不能在到站交付货物时，托运人、收货人可按货物灭失向到站要求赔偿。在赔偿前，如货物运到时，车站应及时向收货人办理交付并收回货运记录。

14. 因承运人责任，将货物误运到站或误交付时，承运人应如何处理？

答：因承运人责任，将货物误运到站或误交付，承运人应编制货运记录将货物运到正当到站交给收货人。

15. 承运人与托运人或收货人相互间要求赔偿或退补费用的有效期间为多少日？

答：承运人同托运人或收货人相互间要求赔偿或退补费用的有效期间为180日。

16. 托运人或收货人要求承运人支付违约金的有效期间为多少日？

答：托运人或收货人要求承运人支付违约金的有效期间为60日。

17. 承运人与托运人或收货人相互间要求赔偿或退补费用的有效期间，起算日期是如何规定的？

答：有效期间由下列日期起算：

(1)货物灭失、损坏或铁路运输设备损坏，为承运人交给货运记录的次日；货物全部灭失未编有货运记录，为运到期限满期的第31日。

(2)多收或少收运输费用，为核收该项费用的次日。

(3)要求支付违约金，为交付货物的次日。

(4)其他赔偿及退补多收或少收费用，为发生事故或核收该项费用的次日。

18. 限额赔偿是如何规定的？

答：不保价运输的，不按件数只按重量承运的货物，每吨最高赔偿 100 元，按件数和重量承运的货物，每吨最高赔偿 2 000 元；个人托运的搬家货物、行李每 10 kg 最高赔偿 30 元，实际损失低于上述赔偿限额的，按货物实际损失的价格赔偿。

货物的损失由于承运人的故意行为或重大过失造成的，不适用赔偿限额的规定，按照实际损失赔偿。

19. 货物在运输途中，由于货物本身、车辆技术状态或自然灾害等原因，发生货车滞留，在站滞留时间达到 48 h，车站应如何处理？

答：货物在运输途中，由于货物本身、车辆技术状态或自然灾害等原因，发生货车滞留，在站滞留时间达到 48 h，应拍发电报，通知发到站；必要时，应抄送有关铁路局集团公司。

20. 未在规定的时间内换装整理完毕时，应如何处理？

答：换装整理的时间一般不应超过两天。如两天内未换装整理完毕时，应由换装站以电报通知到站，以便收货人查询。

21. 货运记录分为哪几页？

答：货运记录分为货主页、存查页。其中货主页为一页绿色 A4 专用纸（背面印有索赔须知），存查页为一页白色 A4 纸。

22. 记录、案卷资料的保管有何规定？

答：记录（包括商务记录）由理赔安全室统一保管。记录（包括商务记录）与货物损失报告一起保存。各种记录及其案卷资料自结案的次年 1 月 1 日起，保管期限为 3 年。

23. 施封锁的购置、请领和发放有何规定？

答：车站（直属站段、铁路局集团公司）统一向主管部门认定的单位购置，并指定专人负责；施封锁质量应符合 TB/T 2775.1、TB/T 2775.2 和 TB/T 2775.3 的规定。

请领施封锁时，将上次所领施封锁使用登记簿及无法使用的施封锁一并交理赔安全室验收保管。

发放时按班次或作业区顺号发放，并由请领人在登记簿上签字。

24. 施封锁的使用有何规定?

答:使用施封锁符合《铁路货物运输规程》货车和集装箱施封拆封的规定,并按顺号使用。

使用施封锁按使用日期、号码、到站、车号(箱号)登记在"施封锁使用登记簿"内。

"施封锁使用登记簿"记载的数量、号码应与实际请领相符,无法使用的施封锁应妥善保管。

25. 施封锁的保管期限有何规定?

答:编有记录的施封锁,卸车站均自卸车之日起保管 180 日后方可销毁。未编有记录的施封锁保管 30 日后,方可销毁或回收。有源电子施封锁还应按时返厂。

26. 施封锁销毁时有何规定?

答:销毁施封锁时,由货运主任(或相应职级人员)、公安人员、理赔安全室人员共同销毁并记录备查。

27. 装载成件包装货物时有何要求?

答:装载成件包装货物时,应排列紧密、整齐。当装载高度或宽度超出货车端侧墙(板)时,应层层压缝,梯形码放,四周货物倾向中间,两侧超出侧墙(板)的宽度应一致。袋装货物袋(扎)口应朝向车内。

对超出货车端侧墙(板)高度的成件包装货物,应用绳网或绳索串联一起捆绑牢固,也可用挡板(壁)、支柱、镀锌铁线(盘条)等加固。

袋装货物起脊部分应使用上封式绳网等进行加固。

28. 气体类危险货物罐车办理运输变更或重新托运,有何规定?

答:气体类危险货物罐车运输不允许办理运输变更或重新托运,如遇特殊情况需要变更或重新托运时,需经铁路局集团公司批准。

危险货物运输变更或重新托运应符合《铁路危险货物运输管

理规则》有关要求。

29. 放射性包装件破损或放射性物质(物品)发生泄漏事故时，如何处理?

答:放射性包装件破损时不得继续运输，放射性物质(物品)发生泄漏事故时，要立即启动应急预案，事故地点应按辐射水平 0.005 mSv/h 为依据划出警戒区并悬挂警告牌，派人看护。

30. 易腐货物运抵到站，联系不到收货人或收货人拒绝领取时，到站应如何处理?

答:易腐货物运抵到站，联系不到收货人或收货人拒绝领取时，到站应自发出领通知次日起(不能实行领货通知时，为卸车完了的次日)或收货人拒绝领取之日起，1 日内及时通知发站和托运人，征求处理意见。托运人自接到通知之日起，2 日内提出处理意见答复到站。对于超过容许运输期限仍无人领取的货物，或收货人拒领而托运人又未按规定期限提出处理意见的货物，或虽未超过上述期限，但是货物已开始腐坏、变质时，到站可按无法交付货物或依据有关规定处理。

31. 装有易腐货物的车辆、集装箱因技术状态不良等原因发生滞留不能继运时，滞留站应如何处理?

答:装有易腐货物的车辆、集装箱因技术状态不良等原因发生滞留不能继运时，滞留站应及时报告铁路局集团公司调度、货运部门，并尽量组织按原运输条件倒装。由于气温、技术条件等限制不能倒装又不宜在当地处理的货物，滞留站应通知发、到站及时联系托运人、收货人，并限时提出处理办法。超过要求时间未接到答复或因等候答复使货物造成损失时，由发生地铁路局集团公司与发送铁路局集团公司协商处理。

32. 到达的鲜活货物出现腐烂、变质、冻损、污染、生理病害、病残死亡等问题时，到站如何处理?

答:到达货物出现腐烂、变质、冻损、污染、生理病害、病残死亡等问题时，到站应立即组织卸车并按规定编制货运记录，使用机械冷藏车的应会同乘务组组织卸车。收货人有异议的，不得拒绝卸车或中途停止卸车，否则因此造成的扩大损失由收货人承担。

发现食品运输污染的，应立即向铁路食品安全监管办公室报告。

33. 运输途中发现易腐货物腐烂、变质、冻损、污染、生理病害、病残死亡等问题时，发现单位如何处理？

答：运输途中发现易腐货物腐烂、变质、冻损、污染、生理病害、病残死亡等问题时，发现单位应立即通知车站联系托运人、收货人并妥善处理，防止货物损失扩大。

处理货物腐烂、变质情况时，应扣除运输途中的合理损耗。

34. 易腐货物办理变更到站有何规定？

答：易腐货物需要变更到站时，可办理一次，但容许运输期限要大于重新计算的运到期限3日以上。

35. 集装箱所装货物应符合哪些要求？

答：集装箱所装货物应符合所用箱型适箱货物要求，不得腐蚀、损坏箱体。铁路通用集装箱不得装运煤、焦炭等易污染箱体的货物。

下列货物不得混装于同一集装箱内：

(1)易腐货物与非易腐货物；

(2)危险货物与非危险货物；

(3)性质互抵的货物；

(4)运输条件不同的货物。

36. 集装箱施封有何规定？

答：集装箱施封由托运人负责。托运的重集装箱应当施封(结构上无法施封的除外)；通用集装箱重箱施封时，确认左右箱门锁舌和把手入座后，在右侧箱门把手锁件施封孔处施封一枚；其他类型集装箱根据实际情况采取适合的施封方法。托运的空集装箱可不施封，托运人须关闭箱门，确认左右箱门锁舌和把手入座。

37. 承运人对集装箱货物检查及处理的规定是什么?

答:承运人有权对集装箱货物品名、重量、数量、包装、装载状况等进行检查。需要开箱检查货物时，在发站应通知托运人到场，在到站应通知收货人到场。

托运人有违约责任时，承运人应按合同约定或有关规定向托运人或收货人核收违约金和因检查产生的作业费用。可继续运输的，车站应会同托运人补封，编制货运记录。

38. 铁路箱发生损坏、丢失时如何处理?

答:铁路箱发生损坏、丢失时，车站编制"铁路箱破损记录"作为责任划分和赔偿依据，由责任者在"铁路箱破损记录"上签认并负责赔偿。丢失或因损坏报废时，按市场重置价格赔偿；铁路箱市场重置价格由产权单位报铁路总公司货运部公布。损坏时，按实际发生费用(包括修理费、修理回送费、延期使用费及吊装搬运费等)赔偿。

39. 到站卸车发现铁路箱损坏时，责任划分原则是什么?

答:到站卸车发现损坏，除卸车作业导致损坏、能判明其他责任者、发站证明没有责任的以外，由发站赔偿；站内掏箱发现集装箱地板、端侧壁、顶部等内部损坏，除掏箱作业导致损坏及能判明其他责任者以外，由发站赔偿。到达的集装箱出站后，发站不再承担赔偿责任。

到站认为集装箱损坏为发站责任的，应于卸车或站内掏箱24 h内拍照，编制"铁路箱破损记录"；将损坏情况以电报拍发给发站，抄送发送、到达铁路局集团公司货运部门以及铁路总公司货运部、铁路箱产权单位。

40. 铁路箱在车站发生损坏时，责任划分原则是什么?

答:集装箱在车站(包括:站内、站外、铁路专用线、专用铁路等)发生损坏，由该站赔偿；车站应拍照并编制"铁路箱破损记录"。

集装箱损坏属托运人、收货人、铁路专用线、专用铁路、接取送达单位等责任的，车站按规定索赔。

41. 返回车站的铁路箱在站外发生损坏时，责任划分原则是什么？

答：返回车站的集装箱在站外发生损坏时，由收货人或接取送达单位赔偿；收货人认为属托运人装箱等原因导致地板、端侧壁、顶部等内部损坏的，由收货人向托运人索赔。

42. 篷布苫盖货物有何要求？

答：篷布仅用于苫盖敞车装运的怕湿、易燃货物或其他需要苫盖篷布的货物。毒害品、腐蚀性物品及污染性物品不得使用铁路篷布。苫盖易于损坏篷布的货物时，装车单位须采取防护措施，防护材料由托运人提供。

43. 装车使用篷布时有何要求？

答：装车使用的篷布必须质量良好，篷布绳齐全，标记、号码完整清晰。篷布不得横苫、垫车、苫在车内。篷布苫盖应符合《货车篷布苫盖方法》规定，篷布折叠与打包应符合《铁路货车篷布》要求。

苫盖篷布的敞车必须在发站加盖篷布绳网，使用篷布绳卡。篷布绳网、篷布绳卡由托运人自备，限一次性使用。

44. 运输途中发现未按规定使用篷布绳网时，发现站如何处理？

答：运输途中发现未按规定使用篷布绳网时，发现站补苫后方可继续运输，相关费用向发站清算，并将漏苫和处理情况电告发站、发送铁路局集团公司并抄所在铁路局集团公司、铁路总公司货运部。

45. 篷布号码与票据记载不符时如何处理？

答：使用铁路篷布，货物运输票据记载的号码与实际不符时，发现单位应按实际更正，编制普通记录并向发到站和发到铁路局集团公司调度拍发电报，责任铁路局集团公司应于当日调整。

46. 回送的铁路篷布与实际不符时如何处理？

答：铁路篷布回送，到站货运员应核对数量和号码。与实际不符时，应于 24 h 内向发站和发到铁路局集团公司调度拍发电报。发站无异议时，铁路局集团公司调度按到站实收数调整；发站有异议时，应于 5 日内派人赴到站复查，并将结果通知铁路局集团公司调度。

47. 货物快运车辆停留时间是如何规定的？

答：货物快运车辆在技术站的中转作业停留时间原则不超过 6 h；跨局快运列车在中心站中转作业停留时间原则不超过 2 h。管内环线列车在作业站装卸作业时间原则不超过 30 min。

48. 零散货物发生货损、货差或票据丢失等情况时如何处理？

答：零散货物发生货损、货差或票据丢失等情况时，由到达铁路局集团公司中心站或到达作业站编制记录，并于列车到达 60 min 内向发到铁路局集团公司中心站或发站拍发电报，抄送发到铁路局集团公司。

49. 发现重车无票据信息时，发现站如何处理？

答：发现重车无票据信息时，发现站扣车调查，并在铁路货运票据综合应用管理系统编制普通记录。确认为重车空排的，发现站在保价系统编制货运记录回送；确认为发站错装的，联系发站处理。

50. 铁路货物运单分几联？各联名称及用途是什么？

答：铁路货物运单由带编号的 6 联和不带编号的需求联组成。

第 1 联为货物运单正本（发站存查联），是发站留存的已生效的运输合同。

第 2 联为货物运单副本（收款人报告联），是发站收款的已生效的运输合同（财务凭证）。

第 3 联为货物运单正本(托运人存查联),是托运人留存的已生效的运输合同。

第 4 联为货物运单副本(到站存查联),是到站留存的已生效的运输合同。

第 5 联为货物运单副本(收货人存查联),是收货人留存的已生效的运输合同。

第 6 联为货物运单副本(领货凭证联),是收货人在到站办理领货的凭证。

第 7 联为货物运单副本(需求联),是记录客户提报需求,发站留存。

第 1～6 联为相同的运单号,第 7 联无运单号。

第二节　应会知识

1. 货物损失分为哪几类?

答:货物损失分为五类:

(1)火灾。

(2)被盗(有被盗痕迹)。

(3)丢失(全批未到或部分短少、漏失,没有被盗痕迹)。

(4)损坏(破裂、变形、磨伤、摔损、部件破损、湿损、冻损、腐烂、植物枯死、活动物死亡、变质、污染、染毒等)。

(5)其他(因办理差错及其他原因造成的货物损失)。

2. 货物损失分为哪几个等级?

答:货物损失分为四级:

(1)一级损失。货物损失款额(以下简称损失款额)10 万元以上的。

(2)二级损失。损失款额 1 万元以上未满 10 万元的。

(3)三级损失。损失款额 1 000 元以上未满 1 万元的。

(4)轻微损失。损失款额未满 1 000 元的。

3. 发现货物损失后,发现人员应如何处理?

答:发现货物损失后,发现人员应保护现场,立即向车站负责人和货物损失处理人员报告。接到报告后,车站负责人应组织有关人员立即赶赴现场进行货物损失勘查、清理、资料收集并编制“货物损失报告”。必要时通知托运人或收货人。

4. 物流企业(包括铁路物流企业或铁路运输企业委托的社会物流企业)在接取送达过程中发现货物损失时,应如何处理?

答:物流企业(包括铁路物流企业或铁路运输企业委托的社会物流企业)在接取送达过程中发现货物损失时,应由物流企业相关人员对发生损失货物情况拍照留存,并编制货物损失报告连同货物损失现场照片一并交车站。

5. 货车发生火灾,需要重点勘查并记明哪些内容?

答:货车发生火灾,重点勘查并记明火灾列车车次、货车种类、到达时间、编挂位置及上一责任货检站检查情况、邻车情况、牵引机车类型;记明车辆状态(车底板、闸瓦、防火板等);车内货物装载现状、起火部位、四周货物烧损情况;货物装载(苫盖物)高度;可能造成起火的各种迹象。

(1)棚车装运的,重点勘查并记明门窗关闭状态、施封加固及烟囱口关闭情况,并妥善保管封印。

(2)敞车装运的,重点勘查并记明篷布苫盖、绳索捆绑状态,货物装载加固,包装、衬垫材料等情况。

(3)集装箱装运的,重点勘查并记明箱体状态、箱门关闭、施封加固情况。

同时,记明火灾发生和扑灭的时间,被烧货物状态。

6. 货场发生火灾,需要重点勘查并记明哪些内容?

答:货场发生火灾,重点勘查并记明损失货物所处位置;着火点货位原来堆放何种货物和火源,仓库、雨棚、相邻设备及周围堆放货物等情况；货物入库（区）时间和货物交接检查情况；仓库电线、灯具情况；装卸作业用的叉车、吊车等作业机具的防火情况；人员出入情况。

同时，记明火灾发生和扑灭的时间，被烧货物状态。

7. 棚车、冷藏车、罐车装运的货物发生被盗丢失，需要重点勘查并记明哪些内容？

答：棚车、冷藏车、罐车装运的货物发生被盗丢失，重点勘查并记明车体、门窗关闭状态、施封加固情况。其中棚车装运的，车窗处被盗丢失时，记明货物装于车窗位置以及该车窗锁闭状态；货车两侧或一侧上部施封时，记明下部门扣是否损坏、封印的站名和号码；车门缝处货物被盗割的，记明货物现状。

8. 敞车装运的货物发生被盗丢失，需要重点勘查并记明哪些内容？

答：敞车装运的货物发生被盗丢失，重点勘查并记明篷布苫盖、绳索捆绑状态，货物装载情况，表层货物现状，篷布有破口时，记明破口位置、尺寸，新旧痕迹和破口处货物的状态，对篷布绳索明显被割断或割断后再接的，也要如实记明绳索现状。

9. 集装箱装运的货物发生被盗丢失，需要重点勘查并记明哪些内容？

答：集装箱装运的货物发生被盗丢失，重点勘查并记明箱号、箱体和箱门状态、破损部位的尺寸、新旧痕迹和箱门密封情况；施封加固及集装箱在车内的装载位置和箱距，箱内货物装载现状及容积、现有数量或短少数量。

10. 货场内货物发生被盗丢失，需要重点勘查并记明哪些内容？

答：货场内货物发生被盗丢失，重点勘查并记明卸车入库（区）时间，卸车班组、货运员、库区货运员的交接情况；包装破损内货短少时，查明损失货件在库区堆码情况及周围货物出库情况。

11. 同一集装件内重量、规格、件数不同的货物发生被盗、丢失、损坏时，需要记明哪些内容?

答:同一集装件内重量、规格、件数不同的货物发生被盗、丢失、损坏时，需要记明该集装件全批货物重量，并分别记明完好和损坏的各种规格货件的重量、件数。

12. 货物发生湿损时，需要重点勘查并记明哪些内容?

答:货物发生湿损时，重点勘查并记明湿损货物在货车或集装箱内的装载位置、湿损数量及程度；车辆、集装箱的定检修单位和时间，车体或箱体不良部位和尺寸，是否透光，箱门配件及密封条等情况。敞车装运苫盖篷布的，记明货物装载状况、篷布质量、苫盖、绳索捆绑等情况，篷布所属单位。货物在库(区)内发生湿损时，记明卸车时间、仓库是否漏雨，露天存放的货物是否苫盖篷布及篷布质量，有无衬垫。

13. 棚、敞车装运的货物发生变质时，需要重点勘查并记明哪些内容?

答:棚、敞车装运的货物发生变质时，重点勘查并记明运输条件、到达时间、承运时间、卸车时间和货物运单、列车编组顺序表记载的容许运到期限、实际运到时间、易腐货物及△K标等有关事项。记明有无采取防寒、保温、隔热、通风等措施，货物装载方法、包装及内部衬垫和加固、苫盖、隔离等情况。

14. 货物发生污染时，需要重点勘查并记明哪些内容?

答:货物发生污染时，重点勘查并记明损失货物在货车(箱)内装载位置、包装状况，周围货件装载情况及有无撒漏情况；接触本批货物的车地板、端侧墙状态；被污染货物和污染源货物的性质、名称，污染物(源)位置、面积、包装情况、与被污染货物距离，车辆内外是否贴有“铁路货车洗刷回送标签”及车辆清扫、衬垫情况。多批货物混装时，污染物和被污染货物应分别编制货运记录。

15. 遇什么情况时编制货运记录?

答:(1)发生《铁路货物运输规程》《铁路货物运输管理规则》及其引申规则办法中所规定需要编制的情况时。

(2)自备篷布、自备集装箱运输发生损失时。

(3)一批货物中的部分货物补送或损失货物及误运送、误办理及其他情况货物需要回送时。

(4)发现无标记、无法交付货物,公安机关查获铁路运输中被盗、被诈骗的货物以及公安机关缴回的赃款移交车站时,沿途拾得的铁路运输货物交给车站处理时。

(5)托运人组织装车,收货人组织卸车,货车施封良好,篷布苫盖和敞车、平车、砂石车货物装载外观无异状,收货人提出货物有损失经承运人确认时。

(6)集装箱运输的货物,箱体完整、施封良好,交付完毕次日内,收货人提出货物有损失经承运人确认时。

16. 货物损失报告的编制与要求是什么?

答:货物损失报告应由货运员或负责接取送达的物流企业相关人员根据现场勘查情况,在发现当日编制。货物损失报告应如实记载损失货物及有关方面的当时现状,填写字体要工整清晰,项目各栏填写齐全,并须编制人本人签字。其他参加检查货物(车)的有关人员也应签字,同时注明其所属单位名称。货物损失报告有涂改时,在涂改处应加盖编制人员的人名章。

货物损失报告由货运值班员审核签字后,连同收集的施封锁、现场影像等相关资料,一并交货物损失处理人员。

17. 货运记录(货主页)须加盖什么戳记,哪些情况下货运记录无效?

答:通过保价系统打印的货运记录(货主页)加盖货物损失处理专用章和带有所属单位名称的人名章后生效。非系统打印、有涂改或手写的货运记录无效。

18. 货运记录编制的基本要求是什么?

答:货运记录由车站货物损失处理人员编制。编制记录要如实记载货物损失及有关方面的现状,不得在记录中作损失责任的结论,记录各栏应逐项填记。货运记录应记明车(箱)体、门窗、施封或篷布的情况、货物包装及装载加固状态、损失货物装载位置、损失程度等。

19. 发生误运送时,编制货运记录应重点记明什么?

答:误运送应记明判别误运送的依据,货物(车)的发站及正确到站。

20. 发现有货物无运单信息、有运单信息无货物时,编制货运记录应记明什么?

答:发现有货物无运单信息,应记明货物来源;有运单信息无货物时,应记明货物运单信息记载内容。

21. 发现无标记货物时,需要重点勘查并记明哪些内容?

答:无标记货物,应重点勘查并记明包装特征或具体货物名称、件数和重量。

22. 遇有什么情况,须在当日按批(车)编制普通记录?

答:普通记录作为现状交接证明。遇有下列情况之一,须在当日按批(车)编制普通记录:

(1)发生《铁路货物运输规程》《铁路货物运输管理规则》及其引申规则办法中所规定需要编制的情况时。

(2)货物损失涉及车辆技术状态时。

(3)货车发生换装整理时。

(4)集装箱封印失效、丢失或封印站名、号码与票据信息不一致或未按规定使用施封锁时。

(5)卸车(换装)发现货物件数或重量较票据记载多出时。

(6)依据其他有关规定,需要证明时。

在办理货运检查交接作业时发现问题,按规定拍发的交接电报应视为普通记录。

23. 车站发现货物损失,货物损失处理人员应如何处理?

答:车站发现货物损失,除按规定编制货运记录外,还应在货运记录编制当日以查复书形式,通过保价系统对货物损失的原因和责任进行调查,必要时可派人外出调查。

24. 发站编制的货运记录如何处理?

答:发站编制的货运记录,由发站负责处理。如确实无法联系托运人时,应在货运记录编制当日将案卷传输到站处理。

25. 中途站编制的货运记录如何处理?

答:中途站编制的货运记录应在货运记录编制当日将案卷传输到站处理,并向有关站调查,同时告知发站。

26. 中途站发现一批货物中部分货物发生损失时,如何处理?

答:一批货物中部分货物发生损失时,应拴挂“损失货物标签”继运到站。继运到站前对发生损失的货物应采取防护措施,避免扩大损失。

27. 中途站发生火灾、货物变质、活动物死亡、气体类危险货物泄漏、剧毒品、爆炸品、放射性物品被盗丢失,如何处理?

答:发生火灾、货物变质、活动物死亡、气体类危险货物泄漏、剧毒品、爆炸品、放射性物品被盗丢失,货物损失能在发现站处理的,发现站应积极处理;不能在发现站处理的,应在货运记录编制当日将案卷传输到站处理,由发现站负责查明原因。

28. 到站编制的货运记录如何处理?

答:到站编制的货运记录(货主页)应及时交给收货人。收货人领取货运记录时应在存查页上签收。在货运记录编制当日将案卷传输发站及有关站调查。

29. 到站卸车时,遇有发站或中途站编制的货运记录,如何处理?

答:到站卸车时,遇有发站或中途站编制的货运记录,应按照货运记录记载的情况，认真核对现货，无论情况是否相符，均应重新编制货运记录交收货人，原记录打印留存。

30. 调查案卷传输后，件数不足的货物补送齐全，在向收货人补交时应如何办理?

答:调查案卷传输后，件数不足的货物补送齐全，在向收货人补交时应收回原货运记录(货主页)，并及时通知有关站结案。补交时发生损失的，应重新编制货运记录并调查。

31. 货物损失调查所需资料包括哪些内容?

答:调查所需材料文档应一次性使用相应设备录制电子文档，在保价系统内加载，主要包括以下内容:

(1)货物运单、站车交接电报、普通记录。

(2)货物发生被盗、丢失，货物运单未附物品清单时，车站检查的现有货物数量和包装特征的清单。

(3)分析责任所需的装载清单、封印照片、货物损失现场照片等。

(4)车辆技术状态检查记录、货物损失鉴定书及其他有关材料(可按需要后附)。

32. 车站接到调查案卷后，首先应做哪些工作?

答:车站接到调查案卷后，应核对所附材料是否齐全、正确，接到的纸质速报和查询电报，应于当日在收件上加盖收文日期戳记，登记于“货物损失(记录、调查、赔偿)登记簿”内。

33. 初次接到调查案卷，如果核对所附材料不符合《铁路货物损失处理规则》第二十五条要求而影响调查时，如何办理?

答:初次接到调查案卷，如果核对所附材料不符合《铁路货物损失处理规则》第二十五条要求而影响调查时，应一次提出，自接到案卷之日起 3 日内以查复书要求处理站补充材料。

34. 调查案卷如果有误到情况，如何办理?

答:调查案卷如果有误到情况，自接到之日起次日内以查复书告知处理站，同时抄送正确接收站。

35. 接到的调查案卷，属于自站责任的如何办理？

答：属于自站责任的，自接到案卷之日起3日内以查复书答复送查站，告知发、到站。

对已明确为自站责任，但还需要向有关单位索取补充材料，了解货物损失和到达交付情况时，应以查复书要求处理站补充。

36. 接到的调查案卷，属于他站责任的如何办理？

答：属于他站责任的，以查复书说明理由和根据，自收到案卷之日起3日内答复处理站，转送责任站，并抄送发、到站和有关单位。一级损失的，应抄报主管铁路局集团公司。

37. 接到调查案卷，因情况复杂，责任站不能在接到案卷之日起3日内调查答复（包括要求暂缓赔偿的），需要延期时，如何办理？

答：因情况复杂，责任站不能在接到案卷之日起3日内调查答复（包括要求暂缓赔偿的），需要延期时，应在3日内提出理由，告知发、到站（铁路局集团公司）。但此项延期自收到案卷之日起，最多不得超过30日。

38. 划分货物损失责任的依据是什么？

答：划分货物损失责任应以事实为根据、规章为准绳。在查明货物损失情况和原因的基础上，首先应按国家法律、行政法规及铁路总公司的有关规定划清承运人与托运人、收货人之间的责任。

39. 划分铁路内部各单位及物流企业责任时，哪些资料、数据应作为判定货物损失责任的依据？

答：划分铁路内部各单位及物流企业责任时，货运安全检测监控设备（包括轨道衡、超偏载检测装置、视频监控等设备）影像资料、检测数据（货物重量短少2 t以上），电子施封锁的监控数据，应作为判定货物损失责任的依据。具体按照《铁路货物损失处理规则》附件3和有关规定办理。

40. 货物损失调查定责工作由谁负责?

答:货物损失调查定责工作由到站(中途终止运输的,为货物终止运输站)、到达铁路局集团公司负责,但发站承运后装车前、货物承运前在车站仓储或货物仅在车站仓储的,定责工作由发站或仓储办理站负责。发生货物损失后,记录编制站应初步判定是否为承运人责任,难以判定的应由到站进一步调查确定。

41. 对货物损失定责意见有争议,经一次往返查复不能取得一致时,各级损失责任均应如何裁定?

答:(1)轻微损失责任,到站应在收到要求裁定的查复书之日起3日内裁定。

(2)三级损失责任,到站应在收到要求裁定的查复书之日起3日内将定责意见上报主管铁路局集团公司,由到达铁路局集团公司裁定。

(3)二级损失责任,到站应在收到要求裁定的查复书之日起3日内将定责意见上报主管铁路局集团公司,由到达铁路局集团公司与相关铁路局集团公司协商,到达铁路局集团公司裁定。

(4)一级损失责任,到达铁路局集团公司应将定责意见连同会议纪要等材料上报铁路总公司裁定。

一级损失责任,铁路总公司的裁定为最终裁定。二级、三级损失责任,到达铁路局集团公司的裁定为最终裁定。轻微损失责任,到站的裁定为最终裁定。

凡按规定权限定责的货物损失,责任站(铁路局集团公司)必须尊重定责意见。

42. 对货物损失定责意见有争议,经一次往返查复不能取得一致时,争议单位、到站分别应如何办理?

答:对货物损失定责意见有争议,经一次往返查复不能取得一致时,争议单位应在收到对方查复书3日内向到站提出要求裁定的查复书。

争议单位提出要求裁定的查复书后，到站应在规定时间内按权限做出裁定或上报。对二级、三级损失责任，到站未按规定上报的，由争议单位上报主管铁路局集团公司，协商到达铁路局集团公司处理。到达铁路局集团公司应及时提出裁定意见。

争议单位未在3日内提出要求裁定的查复书，不得再对定责单位提出的定责意见提出异议。

到站接到裁定意见后，应重新下达"定责通知书"。

43. 属于承运人责任的，铁路内部责任确定后，定责单位应做哪些工作？

答：属于承运人责任的，铁路内部责任确定后，由定责单位填写查复书并下达"货物损失定责通知书"，送主管铁路局集团公司、责任铁路局集团公司、责任单位和发、到站及有关单位。查复书的内容应包含定责意见及定责依据。

44. 对承运人责任明确的货物损失处理期限是如何规定的？

答：对承运人责任明确的货物损失处理要坚持快速调查、快速定责。自到站编制货运记录之日起，对轻微、三级损失处理期限最长不得超过10日；对二级、一级损失处理期限最长不得超过30日。

45. 货物损失处理结案时间是如何规定的？

答：货物损失案件应及时结案。赔偿要求人未在法定有效期间内提出赔偿要求的，法定有效期期满的次日为结案时间；赔偿要求人在法定有效期间内提出赔偿要求的，以办理完毕赔偿手续并下达"定责通知书"时间为结案时间；经调查确认非承运人责任的，以调查确认时间为结案时间。对符合结案条件的，要在保价系统内做结案处理；自然结案的，由保价系统自动结案。

46. 货物发生损失，在什么情况下需要进行损失鉴定？

答：货物发生损失不能判明发生原因和损坏程度，车站应会同收货人（托运人）或物流企业进行损失鉴定，必要时邀请有鉴定能力的第三方机构进行鉴定。损失鉴定应在发现站现场就地进行，现场难以鉴定时，经与收货人（托运人）协商同意后，可以移至适当的场地进行鉴定。

47. 货物损失鉴定，如何办理？

答：损失货物鉴定时，应按批编制“货物损失鉴定书”。“货物损失鉴定书”应加盖处理站货物损失处理专用章或单位公章，参加人员应签字或盖章，第三方机构参加鉴定的，还需加盖鉴定单位的印章或附出具的货物损失鉴定报告。

车站组织货物损失鉴定时应由货运负责人、货物损失处理人员等两人以上参加鉴定。

48. 货物损失鉴定费用由谁支付？

答：鉴定所支出的费用（包括整理、化验等费用），应在货物损失鉴定书中记明。属于收货人（托运人）责任的，由收货人（托运人）支付；属于承运人责任的，由责任单位承担。

49. 货物损失鉴定完成时限是如何规定的？

答：鉴定一般应自编制货运记录之日起10个工作日内完成，以“货物损失查复书”送有关单位。情况特殊需要延期时，应以查复书或电报说明原因通知有关单位，但最长不得超过30日。

50. 在运输途中发生的火灾、货物变质、活动物死亡等情况就地处理时，由谁受理？

答：在运输途中发生的火灾、货物变质、活动物死亡等情况就地处理时，经与托运人、收货人协商同意，可由发现站受理，并通知发、到站。

51. 对承运人责任明确的货物损失，赔偿要求的受理是如何规定的？

答：对承运人责任明确的货物损失，收货人或托运人向到站或发站提出赔偿要求时，到站或发站均应受理。涉及物流总包业务的，由签约单位按合同约定指定车站受理。委托他人办理时，应由收货人或托运人出具委托书、委托人和被委托人的身份证明复印件和联系方式。

52. 受理赔偿要求时,应审核哪些资料?

答:受理赔偿要求时,应审核赔偿要求人的权利、有效期限、“赔偿要求书”内容,以及规定的证明文件(货运记录(货主页)原件、有效身份证明以及与货物损失有关的其他材料)。审核无误后,在“赔偿要求书收据”上加盖货物损失处理专用章,交给赔偿要求人。

通过铁路货运电子商务系统网上受理客户提出的赔偿要求时,受理站审核客户上传的电子赔偿材料后,需将受理情况以“客户通知书”通过铁路货运电子商务系统告知客户。

53. 轻微损失的赔偿如何审核办理?

答:轻微损失的赔偿由受理站审核办理。赔偿要求人要求以现金支付赔款的,由车站按财务规定当日完成现金赔付;赔偿要求人要求通过银行转账的,由受理站在下达“货物损失赔(补)偿通知书”当日将赔偿材料报主管直属站段,由直属站段转账。

54. 三级损失的赔偿如何审核办理?

答:三级损失的赔偿由受理站在受理当日,以查复书写明调查过程、损失款额、赔偿金额等上报主管直属站段,抄送发、到站及相关站,由主管直属站段审核办理。

55. 二级、一级损失的赔偿如何审核办理?

答:二级、一级损失的赔偿由受理站在受理当日,以查复书写明调查过程、损失款额、赔偿金额等上报主管铁路局集团公司,抄送发、到站及相关站,由主管铁路局集团公司审核办理。

56. 涉及物流外包业务的(包括客户以铁路方保证金冲抵违约金或向保函开立银行索赔违约金的)损失赔偿如何审核办理?

答:涉及物流总包业务的(包括客户以铁路方保证金冲抵违约金或向保函开立银行索赔违约金的),由签约单位按合同约定指定车站办理赔偿;不属车站办理权限的,由车站在受理当日,以查复书写明调查过程、损失款额、赔(补)偿金额等上报主管直属站段或铁路局集团公司,抄送发、到站及相关站,由主管直属站段或铁路局集团公司按合同约定审核办理。

57. 办理赔偿时,"赔通"的填发有哪些规定?

答:办理赔偿单位应填发"赔通",并加盖货物损失处理专用章。"赔通"分为正本、副本,正本为领、付款凭证,副本为赔款通知。通过铁路货运电子商务系统网上办理赔偿的,应将"赔通"加载至铁路货运电子商务系统上告知客户。

58. 办理赔偿的期限是如何规定的?

答:办理赔偿的期限,自受理赔偿要求的次日起至填发"赔通"之日止为2个工作日。特殊情况下办理赔偿的最长期限:直属站段不超过5个工作日,铁路局集团公司不超过10个工作日。

59. 车站上报直属站段、铁路局集团公司的赔偿资料,经审核不属于铁路责任时如何处理?

答:车站上报直属站段、铁路局集团公司的赔偿资料,经审核确定不属于铁路责任时,直属站段、铁路局集团公司应说明理由与依据,告知受理站。受理站以盖有货物损失处理专用章或单位公章的函件答复赔偿要求人,同时将全部赔偿材料(赔偿要求书除外)复印留存后退还赔偿要求人,并告知有关单位。

60. 赔偿后又找到货物的如何处理?

答:在赔偿后又找到货物的,由货物所在站按无法交付货物处理,维持原来定责不变。

61. 被盗丢失货物损失赔偿后,公安机关破案证明属其他单位责任时,如何处理?

答:被盗丢失货物损失赔偿后,公安机关破案证明属其他单位责任时,按下列规定处理:

(1)赔款额不满一级损失的,维持原来定责不变。

(2)赔款额为一级损失的,原责任单位将原调查材料、原"赔通”和公安机关破案证明一并报主管铁路局集团公司审核后，自原货运记录编制之日起 180 日内，向新的责任铁路局集团公司填发“赔通”和“定责通知书”，转送上述材料。新的责任铁路局集团公司应及时转账，落实责任。超过上述期限的，仍维持原来定责不变，新的责任铁路局集团公司不予受理。

62. 哪些货物属于无标记货物？

答：(1)清仓(库、区)、清扫车底检查发现的无标记货物。

(2)在铁路沿线拣拾以及公安部门交给车站的无标记货物。

(3)车站内散落的零件、货底以及其他无票据信息、无标记的货物。

63. 经核查能判明发、到站或托运人、收货人的，或其他单位认领的无标记货物，应如何处理？

答：经核查凡能判明发、到站或托运人、收货人的，或其他单位认领的无标记货物，应拴挂“损失货物标签”，凭货运记录向正当发、到站回送。

64. 对不能判明发、到站或托运人、收货人的无标记货物，应如何处理？

答：对不能判明发、到站或托运人、收货人的无标记货物，应在车站货运负责人、货物损失处理人员等不少于 3 人的情况下打开包装检查，寻找能正确交付的线索。编制物品清单，注明货物名称、包装特征、重量、发现日期和卸下车次等有关事项，在保价系统内详细记载货物的件数、具体货物名称、包装及特征，内装物品数量、规格、尺寸、颜色、生产厂家及每件重量，同时应加载货物照片，以便各单位查找核对和认领，尽可能将货物交予收货人或托运人，减少损失。

65. 车站对自编制货运记录之日起经查找 30 日仍无线索的“两无货物”，应如何办理？

答：车站对自编制货运记录之日起经查找 30 日仍无线索的“两

无货物”,应填写“无标记(无法交付)货物处理书”上报主管铁路局集团公司。

66. 发、到站收到他站回送的“两无货物”后,如何处理?

答:发、到站收到他站回送的“两无货物”后,应核对现货、登记立卷,对照本站自编和他站的调查货运记录。能判明收货人或托运人的,应联系收货人或托运人处理;不能判明的,应填制“无标记(无法交付)货物处理书”上报主管铁路局集团公司。

无标记货物交付收货人或托运人时,如原批编有货运记录的,应在交付时收回货运记录结案。

67. 对“两无货物”的保管有哪些要求?

答:车站应为“两无货物”的存放提供条件,实行分区管理,隔离设置,编号单独存放,严格按照仓库安全管理要求,做好仓库设防工作,保证货物包装完整,做到账物相符,按照规定期限妥善保管。“两无货物”不得提前处理、不得隐瞒不报或私自处理,不得顶件运输、顶件交付。

68. 按保价运输办理的货物,实际价格包括哪些?

答:货物的实际价格包括其本身的价格、税款、包装费用和已发生的运输费用。托运人需在货物运单“货物价格”栏内以“元”为单位,填写货物的实际价格。全批货物的实际价格即为该批货物的保价金额。

69. 哪些保价货物应建立“重点保价行包、货物(△B)运输台账”?

答:车站受理一批保价金额在50万元及以上的整车(含批量零散快运)、集装箱货物,一批保价金额在20万元及以上零担(含零散快运)货物,或其他需要重点看护的保价货物,应建立“重点保价行包、货物(△B)运输台账”。

70.《铁路保价运输规则》规定,货物办理赔偿的最长期限是多少天?

答:自受理赔偿要求的次日起至支付赔款之日止,货物办理赔偿的最长期限为 30 日。

71.《铁路保价运输规则》规定，赔偿额如何计算？

答：保价货物发生损失时，按实际损失赔偿，赔偿额按下列标准计算：

(1)全批损失时，最高不超过该批货物的保价金额；

(2)部分损失时，按损失货物占全批货物的价值比例乘以保价金额计算；

(3)分项填记品名和保价金额的，按该项货物品名和保价金额分别计算。

赔偿额尾数不足 1 元时，按进整处理至元。

72. 国际联运货物托运人、收货人或其代理人，可在哪里办理国内段保价运输？

答：国际联运货物托运人、收货人或其代理人，可在发站、国(过)境站办理国内段保价运输。

73. 出口或进口(过境)货物的保价运输区段如何规定？

答：出口货物的保价运输，由发站办理至国境站；进口(过境)货物的保价运输，由国(过)境站办理至到站(过境站)。

74. 保价运输的国际联运货物在国内段发生损失时，按什么规定办理？

答：保价运输的国际联运货物在国内段发生损失时，按国内保价运输有关规定进行保价赔偿处理。

75. 到站卸车货物短少 2 t 以上时，应如何列责？

答：到站卸车货物短少 2 t 以上时，应通过监控设备的检测数据来判明发生地点。

(1)能通过监控设备判明发生站的，列发生站责任；

(2)能通过监控设备判明发生区间的，列该区间所属铁路局集团公司责任；

(3)无法通过监控设备判明的，列装车站责任，赔款由装车站和沿途各铁路局集团公司(不含装车铁路局集团公司)分摊。

76. 棚车(含毒品车)、冷藏车装运的货物,门窗关闭施封有效,到站卸车货物短少不足 2 t 时,如何列责?

答:(1)货物装载状态无异状时,列装车站责任;

(2)未使用规定的施封锁或未在车门下部施封,有记录或站车交接电报证明的,列封印站责任,赔款由封印站和上一责任货运检查站分摊;

(3)无记录或站车交接电报证明的,列封印站责任,赔款由封印站和到站分摊。

77. 棚车(含毒品车)、冷藏车装运的货物,封印失效、丢失、断开,不破坏封印即能开启车门,到站卸车货物短少不足 2 t 时,如何列责?

答:封印失效、丢失、断开,不破坏封印即能开启车门,均按站车交接规定列责。

78. 棚车(含毒品车)、冷藏车装运的货物,货车在途中发生补封,到站卸车货物短少不足 2 t 时,如何列责?

答:货车在途中发生补封,按规定拍发电报的,列上一责任货运检查站责任;未按规定拍发电报,列补封站责任;拍发电报漏抄送发、到站的,列上一责任货运检查站责任,赔款由责任单位和补封单位分摊。连续补封,列第一责任站责任,赔款共同分摊;自站责任补封的,列补封站责任;如属委托补封的,列委托单位责任。

79. 棚车(含毒品车)、冷藏车装运的货物,卸车站发现货车封印的站名相符但号码与货运票据信息不符,到站卸车货物短少不足 2 t 时,如何列责?

答:卸车站发现货车封印的站名相符但号码与货运票据信息不符时,按规定拍发站车交接电报,列装车站责任;不按规定拍发站车交接电报,列装车站责任,赔款由装车站和卸车站分摊。

80. 棚车(含毒品车)、冷藏车装运的货物,施封的货车,已有途中站车交接电报或普通记录,现状与途中交接电报或普通记录记载内容不相符,未拍发站车交接电报,到站卸车货物短少不足 2 t,如何列责?

答:施封的货车,已有途中站车交接电报或普通记录,现状与途中交接电报或普通记录记载内容不相符,未拍发站车交接电报的,列卸车站责任。

81. 棚车(含毒品车)、冷藏车装运的货物,车窗开启或使用不完整车辆(包括车地板、车体端侧墙有破洞,车窗、烟囱口不完整)以及不施封,到站卸车货物短少不足 2 t,如何列责?

答:车窗开启或使用不完整车辆(包括车底板、车体端侧墙有破洞,车窗、烟囱口不完整)以及不施封,造成到站卸车货物短少不足 2 t,列装车站责任。

82. 敞车装运的货物,到站卸车货物短少不足 2 t 时,如何列责?

答:(1)车体完整、篷布苫盖良好、装载无异状,列装车站责任。

(2)使用不完整车辆(包括车底板、车体端侧墙有破洞)以及车门缝隙过大造成的,列装车站责任。

(3)铁路货车篷布丢失造成货物损失,按站车交接规定列责。

(4)托运人自备篷布丢失及造成货物损失的,列发站责任,赔款由发站和沿途各铁路局集团公司(不含发送铁路局集团公司)分摊。

83. 卸车发现集装箱封印失效、丢失,站名无法辨认以及封印站名、号码不符或箱体破损(不包括顶部被破坏),货物短少不足 2 t 时,如何划责?

答:卸车发现集装箱封印失效、丢失,站名无法辨认以及封印站名、号码不符或箱体破损(不包括顶部被破坏),列装车站责任。

84. 卸车发现集装箱施封有效，站名相符，号码不符，货物短少不足2 t时，如何划责？

答：卸车发现集装箱施封有效，站名相符，号码不符，列发站责任。

85. 使用集装箱专用平车或共用平车装运的集装箱箱体损坏，到站卸车货物短少不足2 t时，如何列责？

答：使用集装箱专用平车或共用平车装运的集装箱箱体损坏，按站车交接列责；有交方普通记录证明的，列交方责任；没有交方普通记录证明的，列接方责任；多次损坏、多次证明的，列第一责任站责任，赔款共同分摊。

86. 集装箱装载不符合规定，造成封印失效、丢失，到站卸车货物短少不足2 t时，如何列责？

答：集装箱装载不符合规定，造成封印失效、丢失，列装车站责任。

87. 集装货物卸车发现整体灭失以及散落其中小件丢失，货物短少不足2 t时，如何列责？

答：集装货物卸车发现整体灭失以及散落其中小件丢失，列装车站责任；但因包装和捆绑不良造成的，列装车站责任，赔款由装车站和发站分摊。

88. 途中有监控设备的货运检查站、无监控设备的途中站或到站货运检查时发现，敞车篷布（包括敞顶集装箱篷布）顶部被割，棚车、集装箱、罐车顶部异状等问题，按规定处理并拍发电报，到站卸车货物短少不足2 t时，如何列责？

答：(1)如上一货运检查站有监控设备，列上一有监控设备的货运检查站责任，赔款由责任货运检查站和装车站分摊；

(2)如前方途经站无监控设备，列装车站责任，赔款由发站、发现铁路局集团公司及前方沿途各铁路局集团公司（不含装车铁路局集团公司）分摊。

89. 途中有监控设备的货运检查站、无监控设备的途中站或到站货运检查时发现，敞车篷布（包括敞顶集装箱篷布）顶部被割，棚车、集装箱、罐车顶部异状等问题但未处理，到站卸车货物短少不足2 t时，如何列责？

答：检查发现但未处理的，列发现站责任，赔款由发现站、装车站和上一有监控设备的货运检查站分摊。

90. 中途站换装整理时发现，敞车篷布（包括敞顶集装箱篷布）顶部被割，棚车、集装箱、罐车顶部异状等问题，到站卸车货物短少不足2 t时，如何划责？

答：中途站换装整理时发现的，按下列规定划责：

（1）如上一货运检查站有监控设备，列上一有监控设备的货运检查站责任，赔款由责任货运检查站和装车站分摊。

（2）如前方途经站无监控设备，列装车站责任，赔款由装车站、发现铁路局集团公司及前方沿途各铁路局集团公司（不含装车铁路局集团公司）分摊。

91. 货物损坏涉及货物包装时，如何划责？

答：货物损坏涉及货物包装时，按下列规定划责：

（1）因货物无包装或包装有缺陷发生损坏，列发站责任。

（2）包装有问题，同时又有装卸作业不当时，货物发生损坏，列发站责任，赔款由发站和装卸作业不当车站分摊。

（3）包装没有问题，装卸作业不当造成的损坏，列装卸作业不当车站责任。

（4）货物发生损坏，经到站鉴定不属于包装质量和货物性质原因时，列装车站责任。

92. 整车、货物快运装运的易碎货物（包括以缸、坛、陶瓷、玻璃为容器的货物）发生损坏，如何列责？

答：整车、货物快运装运易碎货物（包括以缸、坛、陶瓷、玻璃为容器的货物）发生损坏，除能查明责任者外，列发站责任；有明显冲撞痕迹，查不清责任者时，列到站责任，赔款由到站和沿途各铁路局集团公司(不含到达铁路局集团公司)分摊。

93. 集装箱装运的易碎货物发生损坏，又查不明铁路内各单位间责任时，如何列责？

答：集装箱装运的易碎货物发生损坏，又查不明铁路内各单位间责任时，列到站责任，赔款由到站和沿途各铁路局集团公司(不含到达铁路局集团公司)分摊。

94. 棚车、冷藏车装运的货物发生湿损，如何划责？

答：(1)因漏雨造成的湿损，货运检查能够发现的，列装车站责任；

(2)因漏雨造成的湿损，货运检查不能发现的，列最近定检施修该车的车辆段所属铁路局集团公司或车辆厂属地铁路局集团公司责任；

(3)因车门、窗等原因造成的，列装车站责任，赔款由装车站和沿途各铁路局集团公司(不含装车铁路局集团公司)分摊。

95. 敞车装运的货物发生湿损，如何划责？

答：(1)敞车装运的货物，篷布苫盖良好、装载无异状，货物湿损列装车站责任。

(2)因铁路货车篷布丢失造成货物湿损，按站车交接规定列责。

(3)托运人自备篷布丢失、损坏及造成货物湿损，列发站责任，赔款由发站和沿途各铁路局集团公司(不含发送铁路局集团公司)分摊。

(4)篷布顶部(包括敞顶集装箱篷布)被割造成货物湿损，比照《铁路货物损失处理规则》附件3、二、(十)规定处理。

(5)因篷布(包括敞顶集装箱篷布)质量不良造成货物湿损，列装车站责任。

96. 集装箱(包括冷藏箱)箱体状态不良，货物发生湿损，如何列责？

答：集装箱(包括冷藏箱)箱体状态不良，货物发生湿损，列发站责任。

97. 货物装载加固违反规定,或使用不符合要求的捆绑加固材料和装置,造成货物损坏,如何列责?

答:货物装载加固违反规定,或使用不符合要求的捆绑加固材料和装置,造成货物损坏,列装车站责任。

98. 货车(集装箱)清扫不彻底、使用有“铁路货车洗刷回送标签”的车辆造成的货物污染,如何列责?

答:货车(集装箱)清扫不彻底、使用有“铁路货车洗刷回送标签”的车辆造成的货物污染,列装车(箱)站责任。

99. 因使用未洗刷除污的车辆造成的货物污染,如何列责?

答:使用未洗刷除污的车辆造成的货物污染,上一卸车站未回送洗刷除污时,列上一卸车站责任;回送洗刷除污的车辆被排走而漏洗刷除污时,列误排站责任;洗刷除污不彻底,列洗刷除污站责任。

100. 对污染源和被污染货物处理不当,造成损失扩大时,如何划责?

答:对污染源和被污染货物处理不当,造成损失扩大时,由处理站承担损失扩大部分赔款。

101. 货物染毒涉及车辆原装货物,又未保留原车和货物时,如何划责?

答:货物染毒涉及车辆原装货物,又未保留原车和货物时,经鉴定能查明原因的,列责任站责任;查不清原因的,列未保留站责任。

102. 货物运到逾期造成货物变质的,如何列责?

答:货物运到逾期造成货物变质的,列积压站责任;连续积压,列积压时间最长的车站责任,赔款由连续积压站按积压天数比例分摊。

103. 集装化货物卸车检查不能发现内货损坏，交付时发现的，如何列责？

答：集装化货物卸车检查不能发现内货损坏，交付时发现的，列到站责任，赔款由到站与发站分摊。

104. 按普通货物运输条件运输的货物，卸车时发现或卸车后发生冻损，如何列责？

答：按普通货物运输条件运输的货物，卸车时发现冻损，列装车站责任；卸车后发生冻损，列卸车站责任。

105. 不按规定编制记录并送查的，如何划责？

答：(1)伪编记录，列编制站责任。同一车内多批货物发生损失，编制两份以上记录，经查明其中一份属于伪编，则其余各份记录所涉及的货物损失列该编制站责任。

(2)应编制记录而不编的，列应编制记录站责任。

(3)误编、迟编以及迟送查记录，列责任单位责任，赔款由责任单位与记录编制站分摊。

(4)收到调查记录(包括查询文电)超过规定答复期限未答复的，列责任站责任，赔款由责任站与延迟答复站分摊。

106. 因更改货运票据信息造成的货物损失或办理差错，如何列责？

答：因更改货运票据信息造成的货物损失或办理差错，列更改站责任。

107. 卸车时发现货物与票据信息不一致，应拍发电报而未按规定拍发电报的，如何列责？

答：卸车时发现货物与票据信息不一致，应拍发电报而未按规定拍发电报的，列卸车站责任。

108. 由于发站未检斤或检斤不准确，发生被盗丢失后重量相符或多出时，如何列责？

答：由于发站未检斤或检斤不准确，发生被盗丢失后重量相符或多出时，列责任站责任，赔款由责任站和发站分摊。

109. 对误到的货物未按规定编制记录和处理，发生损失的，如何列责？

答：对误到的货物未按规定编制记录和处理，发生损失的，列卸车站责任。

110. 铁路内部交接不认真，接收后发现的货物损失或办理差错，如何列责？

答：铁路内部交接不认真，接收后发现的货物损失或办理差错，除能查明责任者外，列接方责任。

111. 因处理不当而造成扩大货物损失的，如何划责？

答：(1)处理不认真，未采取积极措施，列处理站责任。

(2)换装、整理不当，列换装、整理站责任。

(3)按件数承运的货物，换装时应清点件数，并在记录中记明件数；剩余部分组织另批运送时，在记录中记明件数，另批件数不足由换装站负责。

(4)原车整理时，可不清点件数，原车内件数不足由原装车站负责。

112. 到站对运到逾期货物不按章编制记录(或拍发电报)查询，如何划责？

答：到站对运到逾期货物不按章编制记录(或拍发电报)查询，列责任站责任，赔款由责任站(或货物积压站)和到站分摊。

113. 发站、中途站对运到逾期货物接到查询记录、电报，未在2日内(自接到查询的次日起)答复的，货物发生损失，如何列责？

答：发站、中途站对运到逾期货物接到查询记录、电报，未在2日内(自接到查询的次日起)答复的，货物发生损失，列责任站(或货物积压站)责任，赔款由责任站(或货物积压站)和延迟答复站分摊。

114. 投保运输险的货物发生损失，因代办保险的车站未在货物运单“托运人记事”注明“[商险＋号码]”或“[铁险＋号码]”，超过保险索赔期限如由铁路负责时，如何列责？

答：投保运输险的货物发生损失，因代办保险的车站未在货物运单“托运人记事”注明“[商险＋号码]”或“[铁险＋号码]”，超过保险索赔期限如由铁路负责时，列责任单位责任，赔款由责任单位和代办保险的车站分摊。

115. 铁路局集团公司调整卸车站后，卸车发现的货物损失或办理差错，如何列责？

答：铁路局集团公司调整卸车站后，卸车发现的货物损失或办理差错，能查明责任的，列责任站责任，赔款由责任站和调整卸车铁路局集团公司分摊；查不明责任的，列调整卸车铁路局集团公司责任。

116. 违反规定办理货物(车)变更，货物发生损失，如何列责？

答：违反规定办理货物(车)变更，货物发生损失，列变更受理站责任。

117. 误运到站，回送过程中发生货物损失，属于回送站责任时，赔款如何分摊？

答：误运到站，回送过程中发生货物损失，属于回送站责任时，赔款由回送站和误运站分摊。

118. 无标记货物和因承运人责任造成的无法交付货物回送时发生货物损失，如何列责？

答：无标记货物和因承运人责任造成的无法交付货物回送时发生货物损失，列回送站责任。

119. 列车编组顺序表上对施封的货车未记明“F”字样，货车一侧或两侧无封，发生被盗、丢失，如何列责？

答：列车编组顺序表上对施封的货车未记明“F”字样，货车一侧无封，发生被盗、丢失，列上一货运检查站责任，赔款由上一货运检查站和该列车的编组站分摊；货车两侧无封，列该列车的编组站责任。

120. 货物名称过多或同一货物名称的规格、价值不同以及同一包装内有两种以上的货物按一批托运时，未按规定填写货物运单、物品清单或填写简单笼统，造成到站难以确定损失时，如何列责？

答：货物名称过多或同一货物名称的规格、价值不同以及同一包装内有两种以上的货物按一批托运时，未按规定填写货物运单、物品清单或填写简单笼统，造成到站难以确定损失时，列责任站责任，赔款由责任站和发站分摊。

121. 货车已施封，但未在货运票据上注明施封号码，货物发生被盗、丢失时，如何列责？

答：货车已施封，但未在货运票据上注明施封号码，货物发生被盗、丢失时，查明责任的，由责任单位和装车站共同负责；查不明责任的，由装车站负责。

122. 货车滞留造成货物损失，如何划责？

答：(1)滞留站未按规定拍发电报，货物发生变质或损失，列责任单位责任，赔款由责任单位和滞留站分摊。

(2)因滞留造成货物逾期后变质的，列积压站责任；连续积压，列积压时间最长的车站责任，赔款由连续积压站按积压天数比例分摊。

123. 记录编制站拆下的封印，在规定保管期限内，责任站调查发现该封印丢失或与记录不符，如何列责？

答：记录编制站拆下的封印，在规定保管期限内，责任站调查发现该封印丢失或与记录不符，列记录编制站责任。

124. 集装运输的货物(如集装袋、网，托盘，成捆钢材，有色金属)，卸车时发现捆绑松散，而未对损失货物清点(或未检斤)并编记录注明的，如何列责？

答：集装运输的货物(如集装袋、网，托盘，成捆钢材，有色金属)，卸车时发现捆绑松散，而未对损失货物清点(或未检斤)并编记录注明的，列卸车站责任。

125. 由承运人负责接取送达，或委托其他物流企业接取送达时，发生的货物损失，如何列责?

答:由承运人负责接取送达时，在接取时发生的货物损失，列发站责任；在送达时发生的货物损失，列到站责任。委托其他物流企业接取送达时，按委托协议清算赔款。

126. 使用 1.5 t 箱装运的货物发生损失，如何划责?

答:使用 1.5 t 箱装运的货物发生损失，按下列规定划责：

(1)箱体完整、施封有效，列装箱站责任；

(2)箱体有异状、施封无效(或无封)，列装车站责任；

(3)装运的易碎货物发生损坏，又查不明铁路内各单位间责任时，列到站责任，赔款由到站和沿途各铁路局集团公司(不含到达铁路局集团公司)分摊。

第三节　应急处置

1. 发生铁路交通事故造成货物损失时，如何处理?

答:发生铁路交通事故造成货物损失时，除按《铁路货物损失处理规则》处理外，应按《铁路交通事故应急救援和调查处理条例》《铁路交通事故调查处理规则》有关规定进行调查处理。凡国际联运、多式联运、保价运输和军事运输另有规定的，从其规定。

2. 发现货物被盗、火灾等情况，发现单位(人)应如何处理?

答:发现货物被盗、火灾等情况，发现单位(人)应立即向公安、消防部门报案。货物损失涉及铁路交通事故的，应报告铁路局集团公司列车调度、安全监督管理部门；涉及车辆技术状态的，应通知车辆部门；涉及活动物或食品污染变质的，应通知防疫、检疫部门；涉及参加保险的货物，必要时应通知保险公司；涉及海关监管的货物,应通知海关监管部门;涉及环境污染的货物,应通知环保部门;必要时还应通知托运人或收货人。

3. 什么情况需拍发货物损失速报?

答:发现火灾,罐车装运的压缩气体、液化气体泄漏,剧毒品、爆炸品、放射性物品被盗丢失以及估计损失款额达到一级损失等情况时,应在1h内逐级报告,并在24h内向有关车站、直属站段、铁路局集团公司和有关铁路公安部门以电报形式拍发"货物损失速报",抄送铁路总公司货运部。

4. 货物损失速报的内容是什么?

答:货物损失速报内容如下:

(1)损失等级、种类;

(2)发现损失的时间、地点;

(3)发站、到站、货物名称、承运日期;

(4)车种、车型、车号、运单号码、办理种别、保价或保险金额(金额前注明"保价""铁险"或"商险"字样);

(5)损失概要;

(6)对有关单位的要求。

拍发速报时,在电文首部冠以"货物损失速报"字样,(1)至(6)项为各项代号。速报由车站主管领导审核签发。

5. 因货物装载加固不良造成铁路交通事故如何定责?

答:因货物装载加固不良造成事故,定货物承运单位责任;属托运人自装货物的,定托运人责任,货物承运单位监督检查失职的,追究货物承运单位同等责任。

第四章　货运核算员

第一节　应知知识

一、货物运输费用

1. 计算货物运输费用的程序有哪些?

答:(1)按《货物运价里程表》计算出发站至到站的运价里程。

(2)根据货物运单上填写的货物名称查找《铁路货物运输品名分类与代码表》《铁路货物运输品名检查表》,确定适用的运价号。

(3)整车、零担货物按货物适用的运价号,集装箱货物根据箱型、冷藏车货物根据车种分别在"铁路货物运价率表"中查出适用的运价率(即基价 1 和基价 2)。

(4)货物适用的基价 1 加基价 2 与货物的运价里程相乘之积后,再与按《铁路货物运价规则》确定的计费重量(集装箱为箱数)相乘,计算出运费。

(5)杂费按《铁路货物运价规则》的规定计算。

2. 货物运费的计费重量是如何规定的?

答:货物运费的计费重量,整车货物以吨为单位,吨以下四舍五入;零担货物以 10 kg 为单位,不足 10 kg 进为 10 kg;集装箱货物以箱为单位。

3. 计算货物运输费用的运价里程是如何规定的?

答:运价里程应根据《货物运价里程表》按照发站至到站间国

铁正式营业线最短径路(与国家铁路办理直通的合资、地方铁路和铁路局集团公司临管线到发的货物也按发、到站间最短径路)计算,但《货物运价里程表》内或铁路总公司规定有计费经路的,按规定的计费经路计算。运价里程不包括专用线、货物支线的里程。通过轮渡时,应将规定的轮渡里程加入运价里程内计算。水陆联运的货物,应将换装站至码头线的里程加入运价里程内计算。

4. 实行实重计费的货物有哪些?

答:对焦炭(03)、钢铁及有色金属产成品类货物(钢锭钢坯0520、钢材0530、有色金属及其加工材0571、半导体材料0573、石油套管油管0574)按照货物实际装载重量,实行实重计费。

整车装运木材(10)时,计费重量为货物实际重量,以吨为单位(吨以下四舍五入)。为充分利用车辆容积,整车木材最低计费重量为30 t。

5. 哪些情况下发站应在货物运单内注明运价里程按实际经由计算?

答:下列情况发站在货物运单内注明,运价里程按实际经由计算:

(1)因货物性质(如鲜活货物、超限货物等)必须绕路运输时;

(2)因自然灾害或其他非铁路责任,托运人要求绕路运输时;

(3)属于"五定"班列运输的货物,按班列经路运输时。

承运后的货物发生绕路运输时,仍按货物运单内记载的经路计算运输费用。

6. 实行统一运价的营业铁路与特价营业铁路直通运输,运价里程如何计算?

答:实行统一运价的营业铁路与特价营业铁路直通运输,运价里程分别计算。

7. 押运人乘车费如何计算?

答:押运人乘车费由发站按国铁的运价里程(含办理直通的铁

路局集团公司临管线和工程临管线）计算，通过合资、地方铁路的将其通过的合资、地方铁路运价里程合并计入，在合资、地方铁路到发的计算到合资、地方铁路的分界站。

8. D型长大货物车使用费、铁路集装箱使用费、货车篷布使用费如何计算？

答：D型长大货物车使用费、铁路集装箱使用费、货车篷布使用费按发站至到站的运价里程（含与国铁办理直通运输的合资、地方铁路的运价里程）计算核收。

9. 货物运价率和杂费费率是如何确定的？

答：货物运费按照承运货物当日实行的运价率计算。杂费按照发生当日实行的费率核收。

10. 一批或一项货物，其运价率如何计算？

答：一批或一项货物，运价率适用两种以上减成率计算运费时，只适用其中较大的一种减成率；适用两种以上加成率时，应将不同的加成率相加之和作为适用的加成率；同时适用加成率和减成率时，应以加成率和减成率相抵后的差额作为适用的加（减）成率。

11. 铁路建设基金的运价里程如何确定？

答：铁路建设基金按国铁正式营业线和实行统一运价的运营临管线的运价里程计算。

12. 铁路建设基金的计费重量如何确定？

答：整车、零担货物按该批运费的计费重量计算，集装箱货物按箱计费。

货物运单内分项填记重量的货物，按运费计费重量合并计算。

13. 铁路建设基金尾数不足1角时如何处理？

答：铁路建设基金的尾数不足1角按四舍五入处理。

14. 哪些货物免收铁路建设基金？

答：免收运费的货物、站界内搬运的货物、整车化肥、黄磷、粮食免收铁路建设基金。

15. 承运后发现托运人匿报、错报货物品名,致使铁路建设基金少收时,应如何补收铁路建设基金?

答:承运后发现托运人匿报、错报货物品名,致使铁路建设基金少收时,到站除按正当铁路建设基金补收差额外,另核收该差额等额的违约金。

16. 整车货物计费重量如何确定?

答:整车货物除下列情况外,均按货车标记载重量(标重尾数不足 1 t 时四舍五入)计费。货物重量超过标重时,按货物重量计费。

(1)使用矿石车、平车、砂石车,经铁路局集团公司批准装运《铁路货物运输品名分类与代码表》“01”“0310”“04”“06”“081”和“14”类货物按 40 t 计费,超过时按货物重量计费。

(2)“整车货物规定计费重量表”(见下表)所列货车装运货物时,计费重量按表中规定计算,货物重量超过规定计费重量的,按货物重量计费。

(3)使用自备冷板冷藏车装运货物时按 50 t 计费;使用自备机械冷藏车装运货物时按 60 t 计费;使用标重不足 30 t 的家畜车,计费重量按 30 t 计算;使用标重低于 50 t、车辆换长小于 1.5 的自备罐车装运货物时按 50 t 计费(下表中明定的车种车型按第 2 项办理)。

(4)始发、中途均不加冰运输的加冰冷藏车和代替其他货车装运非易腐货物的铁路冷藏车,均按冷藏车标重计费。

(5)车辆换长超过 1.5 的货车(D 型长大货物车除外),《铁路货物运价规则》未明定计费重量的,按其超过部分以每米(不足 1 m 的部分不计)折合 5 t 与 60 t 相加之和计费。

(6)米、准轨间换装运输的货物,均按发站的原计费重量计费。

整车货物规定计费重量表

车　种　车　型	计费重量(t)
BSY(冷板冷藏车)	40
B_{18}(机械冷藏车)	32
B_{19}(机械冷藏车)	38
B_{20}、B_{21}(机械冷藏车)	42
B_{10}(机械冷藏车)	44
B_{22}、B_{23}(机械冷藏车)	48
B_{15E}(冷藏车改造车)	56
SQ_1(小汽车专用平车)	80
SQ_4(双层汽车专用平车)	60
QD_3(凹底平车)	70
GY_{95S}、GY_{95}、GH_{40}、GY_{40}、$GH_{95/22}$、$GY_{95/22}$(石油液化气罐车)	65
GY_{100S}、GY_{100}、GY_{100-I}、GY_{100-II}(石油液化气罐车)	70

17. 承运人提供的D型长大货物车的车辆标重大于托运人要求的货车吨位时,如何确定计费重量?

答:承运人提供的D型长大货物车的车辆标重大于托运人要求的货车吨位时,经中铁特货运输公司批准可根据实际使用车辆的标重减少计费重量,但减吨量最多不得超过60 t。

18. 按一批办理的整车货物,运价率不同时,如何计费?

答:按一批办理的整车货物,运价率不同时,按其中高的运价率计费。

19. 运输超限货物,发站应如何计费?

答:运输超限货物,发站应将超限货物的等级在货物运单内注明,按下列规定计费:

(1)一级超限货物:按运价率加50%;

(2)二级超限货物:按运价率加100%;

(3)超级超限货物：按运价率加150%。

对安装超限货物检查架的车辆，不另收运费。

20. 需要限速运行的货物，应如何计费？

答：需要限速运行(不包括仅通过桥梁、隧道、出入站线限速运行)的货物，按运价率加150%计费。

需要限速运行的超限货物，只核收限速运行规定的加成运费，不另核收超限货物加成运费。

21. 运输危险货物应如何计费？

答：运输危险货物，根据危险货物的性质、等级按下列规定计费：

(1)一级毒性物质(剧毒品)按运价率加100%；

(2)爆炸品、易燃气体、非易燃无毒气体、毒性气体、一级易燃液体(代码表02石油类除外)、一级易燃固体、一级自燃物品、一级遇水易燃物品、一级氧化性物质、有机过氧化物、二级毒性物质(有毒品)、感染性物质、放射性物质按运价率加50%。

22. 超长、超限货物使用游车时应如何计费？

答：超长、超限货物使用游车时，游车运费按主车货物的运价率和游车标重计费。利用游车装运货物，所装货物运价率高于主车货物运价率时，按所装货物的运价率核收游车运费。

运输超限货物或需要限速运行的货物使用游车时，游车运费不加成。

两批货物共同使用游车时，游车运费各按主车货物的运价率及游车标重的1/2计费。

23. D型长大货物车运输货物使用隔离车时如何计费？

答：D型长大货物车运输货物需用隔离车时，隔离车不另核收运费。隔离车加装货物时，按所加装货物适用的运价率核收运费。

24. 自轮运转的轨道机械如何计费？

答：自轮运转的轨道机械，以自备货车或租用铁路货车作游车时，按整车 1 号运价率核收游车运费；以铁路货车作游车时，按整车 6 号运价率和游车标重核收游车运费。

25. 站界内搬运的货物如何计费?

答:站界内搬运的货物，按实际运输里程(不足 1 km 的尾数进整为 1 km)和该货物适用的运价率计算运费，不另收取送车费。

26. 途中装卸货物应如何计算运价里程?

答:途中装卸货物，不论托运人、收货人要求在途中装卸地点的前方或后方货运站办理托运或领取手续，途中装车按后方货运站计算运价里程；途中卸车按前方货运站计算运价里程，不另收取送车费。

27. 整车分卸的货物，如何计算运杂费?

答:整车分卸的货物，按照发站至最终到站的运价里程计算全车运费和押运人乘车费。

28. 按一批托运的快运货物有何规定?

答:货物快运以每张货物运单为一批。按一批托运的货物，品类品名、托运人、收货人、发站、到站和装卸地点应完全一致。

29. 零散快运适用于哪些货物?

答:零散快运适用于每一批托运重量不足 40 t 且体积不足 80 m^3 的货物。

30. 批量快运适用于哪些货物?

答:批量快运适用于每一批托运重量 40 t 及以上或体积 80 m^3 及以上的货物。

为进一步满足市场需求，对批量品类货物且单批重量不足 40 t 且体积不足 80 m^3 时，亦可比照批量快运办理，最低按 40 t 或 80 m^3 计费。

31. 货物快运的计费重量如何确定?

答:货物快运的计费重量按货物重量和货物体积折算重量择大确定。

对批量品类货物且单批重量不足 40 t 且体积不足 80 m^3 的货物比照批量快运办理时，最低按 40 t 或 80 m^3 计费。

32. 哪些货物不得按零散快运办理?

答:为适应承运清算，避免以整化零，煤(01)、石油(02)、焦炭(03)、金属矿石(04)、钢铁(05)、非金属矿石(06)、磷矿石(07)等七个大宗货物品类，以及棚车以外车辆装运的货物，不得按零散快运办理。

33. 批量快运货物运输如何计费?

答:批量快运按整车组织运输，相关运杂费按整车标准执行。

批量货物入箱运输时，统一按集装箱办理和计费，杂费按相应集装箱的标准核收。

34. 零散快运货物的装卸费、仓储费等杂费如何核收?

答:零散快运货物的装卸费、仓储费等杂费按铁路零担运输在计费条件和收费标准核收。

35. 集装箱货物的运费如何计算?

答:集装箱货物的运费按照使用的箱数和“铁路货物运价率表”中规定的集装箱运价率计算。

36. 使用集装箱装运危险货物的如何计费?

答:装运一级毒性物质(剧毒品)的集装箱按“铁路货物运价率表”中规定的运价率加 100%计算；装运爆炸品、易燃气体、非易燃无毒气体、毒性气体、一级易燃液体(代码表 02 石油类除外)、一级易燃固体、一级自燃物品、一级遇水易燃物品、一级氧化性物质、有机过氧化物、二级毒性物质(有毒品)、感染性物质、放射性物质的集装箱按“铁路货物运价率表”中规定的运价率加 50%计算。

装运危险货物的集装箱按上述规定适用两种加成率时，只适用其中较大的一种加成率。

37. 自备集装箱空箱运输时如何计费?

答:自备集装箱空箱运价率按“铁路货物运价率表”规定重箱

运价率的10%计算。

承运人利用自备集装箱回空捎运货物，按集装箱重箱适用的运价率计费，在货物运单铁路记载事项栏内注明，免收回空运费。

38. 运价率不同的货物在一个包装内或按总重量托运时，应如何计费？

答：运价率不同的货物在一个包装内或按总重量托运时，按该批或该项货物中高的运价率计费。

在货物运单内分项填记重量的货物，应分项计费，但运价率相同时，应合并计算。

39. 20英尺35 t敞顶箱运费如何计算？

答：20英尺35 t敞顶箱按所装货物适用的整车运价号、运价率及运价里程计费。

40. 20英尺35 t敞顶箱计费重量如何确定？

答：20英尺35 t敞顶箱装运货物时计费重量与整车保持一致，装运焦炭(03)、钢铁(0520、0530、0571、0573、0374)、木材(10)时，按实重计费；装运其他货物时，计费重量按32 t计算。

41. 20英尺35 t敞顶箱装运货物时，铁路建设基金、特定线路运费和特定加价运费如何计算？

答：20英尺35 t敞顶箱装运货物时，铁路建设基金、特定线路运费和特定加价运费按照整车相关政策执行。

42. 20英尺35 t敞顶箱自备空箱运输时如何计费？

答：20英尺35 t敞顶箱自备空箱运输时，比照20英尺自备箱回空计费，为鼓励20英尺35 t敞顶箱自备箱运输，自备箱以空箱在到站回空且回空距离不超过重箱运距时，暂免回空运费。

20英尺35 t敞顶箱自备空箱运输应按规定填制运单。自备箱回空距离超过重箱运距时，超出部分按通用箱重箱运价率10%计算。

43. 20英尺35 t敞顶箱使用费如何核收？

答：(1)运价里程250 km以内35元/箱。

(2)运价里程 251 km 以上,每增加 100 km 加收 6 元/箱,不足 100 km 的部分按 100 km 计算。

44. 20 英尺 35 t 敞顶箱延期使用费如何计费?

答:20 英尺 35 t 敞顶箱延期使用费按 10 元/箱日计算,超过以下规定期限的,自超过之日起核收集装箱延期使用费:

(1)出站的集装箱应于出站的次日内送回车站。到达的集装箱应于发出领货通知的次日内领取集装箱。

(2)站内装箱时,应于约定的进货日期当日装完,站内掏箱时,应于领取的当日内掏完。

45. 托运人自备货车或租用铁路货车时应如何计费?

答:托运人自备货车或租用铁路货车(不论空重)用自备机车或租用铁路机车牵引时,按照全部列车(包括机车、守车)的轴数与整车 1 号运价率计费。

托运人自备货车或租用铁路货车装运货物用铁路机车牵引,或铁路货车装运货物用该托运人机车牵引运输时,按所装货物运价率减 20%计费。

托运人的自备货车或租用的铁路货车空车挂运时,按 1 号运价率计费。

46. 承运人利用自备车回空捎运货物时如何计费?

答:承运人利用自备车回空捎运货物,按所装货物适用的运价率计费,在货物运单铁路记载事项栏内注明,免收回空运费。

47. 自备或租用铁路的客车、餐车、行李车、邮政车、专用工作车挂运于货物列车时如何计费?

答:自备或租用铁路的客车、餐车、行李车、邮政车、专用工作车挂运于货物列车时,空车按 1 号运价率加 100%计费;装运货物时按其适用的运价率加 100%和标重计费。但换长 1.5 以下的专用工作车不装货物时不加成。

随车人员按押运人乘车费收费。

48. 什么情况下核收铁路货车篷布占用费?

答:铁路篷布进入未与国铁输直通运输的合资、地方铁路时,自进入之日起,按每张篷布实际停留时间向合资、地方铁路核收合资、地方铁路货车篷布占用费。

49. 铁路篷布损坏、丢失时应核收什么费用?

答:铁路篷布损坏、丢失时,应按规定向责任者核收赔偿费;因托运人或收货人责任损坏、丢失的,自指定送回车站之日起,至赔偿当日止,同时核收篷布延期使用费。

50. 铁路局集团公司管内利用行李车或零散货物快运方式回送铁路篷布有何规定?

答:铁路局集团公司管内可利用行李车(一批限10张以内)或采用零散货物快运方式免费回送铁路篷布。经行李车回送时,按路用品运输有关规定运输。采用零散货物快运方式回送时,凭"回送清单"办理。

二、杂　　费

1. 使用铁路D型长大货物车装运货物除核收运费外,还应核收什么费用?

答:使用铁路D型长大货物车装运货物时,除核收运费外,并核收下列费用:

(1)按确定的计费重量、运价里程,核收D型长大货物车使用费。

(2)按货车轴数和400元/轴的标准核收费用,加总计算,托运人取消托运时,仍核收此项费用。

2. 什么情况下核收取送车费? 取送车费里程如何确定?

答:用铁路机车往专用线、货物支线(包括站外出岔)或专用铁路的站外交接地点调送车辆时,核收取送车费。计算取送车费的里程,应自车站中心线起算,到交接地点或专用线最长线路终端止，里程往返合计（不足 1 km 的尾数进整为 1 km），取车不另收费。

3. 什么情况下核收篷布延期使用费？

答：到达专用线或专用铁路的铁路货车篷布，收货人应于货车送到卸车地点或交接地点的次日起，2 日内送回车站。超过规定期间，对其超过的期间，核收篷布延期使用费。

4. 货物承运前和交付后仍在车站仓储，或货物仅在车站仓储时如何核收仓储费？

答：货物承运前和交付后仍在车站仓储，或货物仅在车站仓储时，按实际仓储期间核收仓储费，货物仓储费在应收该费时间段，按《铁路货物运价规则》规定的费率计费，允许铁路局集团公司根据各地的不同情况适当浮动，上浮幅度最大不得超过规定费率的 100%，下浮不限，并报铁路总公司备案。

危险货物和易燃货物的仓储费率按普通货物费率加 100% 计算。

5. 托运人要求变更到站、变更收货人或发送前取消托运，应如何处理？

答：托运人要求变更到站、变更收货人或发送前取消托运，由受理变更站核收货物运输变更手续费。

发送前取消托运，发站退还全部运费（含京九分流运费和铁路建设基金等）和按里程计算的杂费，如货物运费低于变更手续费时，免收变更手续费，但不退还运费。

6. 货物发送后，托运人或收货人要求变更到站时，应如何处理？

答：货物发送后，托运人或收货人要求变更到站时，运费与押运人乘车费应按发站至处理站、处理站至新到站分别计算，由新到站向收货人清算，处理站应将变更事项记入货票内。

由于处理变更所发生的杂费，应按实际发生分别核收。

7. 对已承运的货物，因自然灾害发生运输阻碍变更到站时，应如何处理？

答：对已承运的货物，因自然灾害发生运输阻碍变更到站时，免收变更手续费，运费按发站至处理站与处理站至新到站的实际经由里程合并通算。如至新到站经由发站至处理站的原经路时，计算时应扣除原经路的回程里程。杂费按实际发生核收。

8. 承运后发现托运人匿报、错报货物品名填写运单，致使货物运费减收或危险货物匿报、错报货物品名按一般货物运输时，应如何处理？

答：承运后发现托运人匿报、错报货物品名填写运单，致使货物运费减收或危险货物匿报、错报货物品名按一般货物运输时，按批核收全程正当运费两倍的违约金，不另补收运费差额。

9. 发现货物的实际重量超过发站确定的计费重量时，应如何处理？

答：到站发现货物的实际重量超过发站确定的计费重量时，对超过部分应按该批货物适用的运价率补收全程正当运费。

10.《铁路货物运输规程》中，对货车容许载重量有何规定？

答：承运人和托运人装载货物时，都应不断改进装载方法，充分利用货车的载重力或容积，但不得超过货车容许载重量。由于货物包装、防护物重量影响货物净重，或机械装载不易计算件数的货物装车后减吨确有困难时，可以多装，但不得超过货车标记载重量的2%。整车货物装载超过货车规定的容许载重量的，应补收运费。

11. 什么情况下核收运杂费迟交金？运杂费迟交金如何核收？

答：托运人或收货人迟交运输费用时，应向承运人支付规定的运杂费迟交金。运杂费迟交金从应收该项运杂费之次日起至付款日止，每迟延一日，按运杂费（包括垫付款）迟交总额的3‰核收。

12. 什么情况下核收自备或租用货车停放费？

答：自备车或租用铁路货车由于托运人或收货人的原因在铁

路站线或未出租的路产专用线存放，从货车到达的次日起，到调离存放地点之日止，按日（存放时间不足 12 h 的免收）核收自备或租用货车停放费。

13. 什么情况下核收车辆使用服务费？车辆使用服务费如何核收？

答：租用铁路货车或守车，向租用人核收车辆使用服务费。车辆使用服务费按车辆标重（标重不足 30 t 的家畜车按 30 t，机械冷藏车按车组，守车按车）计算。

三、国际联运国内段运输费用

1. 国际联运货物国内段运杂费如何计算？

答：出口货物按发站承运当日实行的运价率计算；进口货物按进口国境站在运单上加盖日期戳当日实行的运价率计算。杂费按发生当日实行的费率计算。

2. 进口货物在国境站或中途站办理运输变更时，应如何计费？

答：进口货物在国境站或中途站办理运输变更时，按《铁路货物运价规则》规定的费率，以发送路原使用的车辆数核收变更手续费。由于收货人代号改变而变更收货人时，也应核收变更手续费。从朝鲜进口整车煤炭，在国境站办理变更到站，按上述费率减半核收。

四、铁路非运用车运输费用

1. 铁路机车、客车、货车、轨道机械和大型养路机械，回送转属、定检、厂修、新车（机械）至配属段、事故大破损车（机械）由事故现场向就近站段回送、救援列车跨局执行任务时，如何计费？

答：铁路机车、客车、货车、轨道机械和大型养路机械，回送转属、定检、厂修、新车（机械）至配属段、事故大破损车（机械）由事故现场向就近站段回送、救援列车跨局执行任务时，凭铁路总公司文电或调度命令，发站填写“特殊货车及运送用具回送清单”挂运，不核收运输费用。

2. 铁路局集团公司运营部门使用的技术鉴定和技术试验用车辆、铁路设施修复或事故救援用车辆、流动修理机械用车辆、轨道机械装备及其附属车辆、站段日常运输作业使用车辆和为管内沿线职工文化生活服务用的车辆,如何计费?

答:铁路局集团公司运营部门使用的技术鉴定和技术试验用车辆、铁路设施修复或事故救援用车辆、流动修理机械用车辆、轨道机械装备及其附属车辆、站段日常运输作业使用车辆和为管内沿线职工文化生活服务用的车辆,在规定的用途和使用范围内使用时,发站填写"特殊货车及运送用具回送清单"(事故救援用车辆和站段日常运输作业使用车辆除外)挂运,不核收运输费用。上述车辆超过规定使用范围(运输区间、有效时间)时,按规定核收运输费用。

3. 铁路局集团公司防洪备料车、焊轨厂的长钢轨运输车、采石场的砂石车装运货物挂运时,如何计费?

答:铁路局集团公司其他用途的路用车,包括防洪备料车、焊轨厂的长钢轨运输车、采石场的砂石车装运货物挂运时,按所装货物适用的运价率核收运输费用,发站未核收的由到站补收。空车在铁路局集团公司管内回送时,发站填写"特殊货车及运送用具回送清单"挂运,不核收运输费用。

4. 铁路施工单位经铁路总公司批准用于线路施工用途的路用车,应如何计费?

答:铁路施工单位经铁路总公司批准用于线路施工用途的路用车,按"合资、地方铁路及在建线货车占用费"的规定费率由施工所在局向使用单位核收货车占用费;车辆在规定使用范围内挂运的,比照自备车核收运输费用,自备机车牵引或空车挂运时按自轮运转货物计费。改变施工用途或超出规定使用范围装运货物时,按"在专用线、专用铁路上"的货车使用服务费率,自车辆移交之日起核收车辆使用服务费。

五、军事运输计费处理

1. 铁路军事运输付费方式有哪些?

答:铁路军事运输付费方式实行“现付”和“后付”方式。“现付”由发送单位按照铁路商运规定直接向车站支付;“后付”由运费主管部门定期与铁路部门结算。

2. 对违反军运规定办理运输的,应如何处理?

答:任何单位和个人不得以军运名义办理军运范围以外的运输。对违反军运规定的,经铁路有关部门和部队计划审批单位确认后,到站按照铁路商运运价的两倍向乘坐人员或者收货单位收取运费。其中,已经按照军运后付办理的运输,运费由运费主管部门先支付铁路部门,再由部队计划审批单位向提计划单位追回已支付的运费。

3. 按照军运后付办理的整车货物运输(不含军品外贸运输),计费重量如何确定?

答:(1)棚车、敞车、平车按照 60 t 计费;

(2)罐车按照标重计费;

(3)冷藏车按照《铁路货物运价规则》有关规定计费;

(4)超长、超限货物使用的游车按照(1)项规定计费。

4. 按照军运后付办理的整车超限货物运输(不含军品外贸运输),如何计费?

答:(1)一级超限货物,按照 5 号运价率加 50%;

(2)二级超限货物,按照 5 号运价率加 100%;

(3)超级超限货物,按照 5 号运价率加 150%。

对安装超限货物检查架的车辆,不另收运费。

5. 按照军运后付办理的集装箱军事运输,如何计费?

答:按照军运后付办理的集装箱军事运输,按照《铁路货物运价规则》的有关规定计费。

6. 按照军运后付办理的货物运价里程如何确定?

答:按照军运后付办理的货物运价里程,按照《货物运价里程表》和相关规定确定。

7. 按照现付办理的整车、集装箱、零担货物运输,如何计费?

答:按照现付办理的整车、集装箱、零担货物运输,发送单位应向装载站提交货物运单,车站按照《铁路货物运价规则》和有关规定计费。

8. 按照军运后付办理的军事运输,中途变更到站或者增减车辆,如何计费?

答:按照军运后付办理的军事运输,中途变更到站或者增减车辆,不另计费,不核收变更手续费。

六、运价浮动

1. 实施竞争性一口价时,货物运输费用如何调整?

答:实施竞争性一口价时,可对全部的货运营运杂费和部分运费进行调整。调整时,要先下浮发到站营运性质杂费,再下浮运费。运费包括铁路货物运费、铁路建设基金、电气化附加费、特定线路运费、特定加价运费。

2. 营运性质杂费包括哪些费用?

答:营运性质杂费包括货物装卸作业费、取送车费、机车作业费、货车篷布使用费、D型长大货物车使用费、押运人乘车费、接取送达费、装载加固材料使用服务费、翻卸车作业服务费、清扫除污费、仓储费、货物保价费、集装箱使用费。

3. 下浮发到站营运性质杂费时,如何进行调整?

答:下浮发到站营运性质杂费时,要先对发局杂费调整,发局杂费空间用完以后,再对到局杂费空间调整。

当运费下浮时,除最低的装卸费和接取送达费,其他杂费一律不得收取。

(1)最低装卸费,发局按《铁路门到门运输一口价实施办法(暂行)》(铁总运〔2013〕40 号)公布的基准费率的 50%执行、到局按 70%执行。

(2)最低接取送达费,整车按《关于铁路货运实行门到门运输及制定调整相关费目和费率的通知》(铁总运〔2013〕39 号)公布的基准费率执行;集装箱按《关于大力组织货物入箱促进集装箱增量增收的通知》(铁总运电〔2015〕4 号)公布的基准费率执行。

七、《铁路货物运输品名分类与代码表》

1.《铁路货物运输品名分类与代码表》《铁路货物运输品名检查表》的横向结构由哪些内容组成?

答:《铁路货物运输品名分类与代码表》横向结构由代码、货物品类、运价号和说明四部分组成。

《铁路货物运输品名检查表》横向结构由代码、拼音码、品名、整车运价号、零担运价号五部分组成。

2. 货物品类分为哪些层次?

答:货物品类分大类、中类、小类和细目四个层次。大类、中类为运价、运输统计、计划、财务等使用的统一的货物品类名称。小类是判定运价号、建设基金号和保价费率号的依据。细目即品名,由铁路总公司统一颁发,并以货物运输品名检查表形式对外公布。其中大、中、小类在《铁路货物运输品名分类与代码表》中列示,细目在《铁路货物运输品名检查表》中列示。

3. 货物代码分为哪些层次?

答:代码采用 7 位数字码,相应分四个层次,由高位到低位,第一、二两位为大类码,第三位为中类码,第四位为小类码,第五、六、七位为品名码。

4. 货物品类代码和运价号如何判定?

答:(1)先查《铁路货物运输品名检查表》。使用该表时首先从品名首字汉语拼音索引表或品名首字笔画索引表中，查出该品名在检查表中的页数，再根据检查表查出该品名的拼音码、代码和运价号。

(2)检查表中有具体名称时，按具体名称判定代码和运价号。不属该具体名称的不能比照。但由于货物的别名、俗名、地方名称等不同，而实际属于该具体名称的，仍应按该具体名称适用类别和运价号。

(3)《铁路货物运输品名检查表》中无该具体名称时，则按分类与代码表中概括名称判定类别和运价号。

(4)半成品除明定者外，均按制成品适用类别和运价号。

(5)在分类表和检查表中既无该货物的具体名称，又无概括名称时，按小类—中类—大类的顺序逐层次判定其归属的收容类目。各类均不能归属的货物，则列入总收容类目——9990 未列名的其他货物。对于检查表未列的品名，当确定了该品名归属的品类后，在品名代码栏填记该小类的收容品名(末 3 位为 999)，在货物名称栏填记货物实际品名，对于这些品名字典中未列的品名，铁路局集团公司须将其货物名称、制作材料、用途、形态、价格、批量、运量及其他有关参考资料报铁路总公司，由铁路总公司定期整理，统一核定和补充品名字典。

5.《铁路货物运输品名检查表》中无货物具体名称时，货物品类代码和运价号如何判定?

答:《铁路货物运输品名检查表》中无货物具体名称时，则按分类与代码表中概括名称判定类别和运价号，必须遵守以下规定:

(1)适用制材或加工工艺概括名称的，除明定者外，均不分用途。如货物具有两种以上制材时，则按其主要制材判定类别和运价号。

(2)适用用途概括名称时，除明定者外，均不分制材。如货物具有多种用途时，按托运人在运单上声明的用途和铁路有关规定，判定类别和运价号。

(3)适用自然属性概括名称的,除明定者外,均不分用途、制材、形态、品种。

八、铁路运输收入管理

1. 铁路运输费用的具体核收方式有哪些?

答:铁路运输费用具体核收方式分为现付、到付、后付、预付四种。

现付:旅客票价,行李、包裹、货物运费以及发站发生的杂费实行发送核算制,由发站负责计费收款,发送运输企业审核列账。

到付:批准按到付办理的货物运杂费、中途站和到站发生的杂费,由到站负责计费收款,到达运输企业审核列账。

后付:符合后付范围的军事运输发生的票款、运费、押运人乘车费,以及铁路总公司批准的按后付办理的货物运输费用,由发站负责制票,发送运输企业集中审核、列账,并按铁路总公司制定的结算办法向指定单位进行结算。

预付:铁路客货运输费用在付款人和收款人双方自愿的原则下可签订协议按预付办理。

2. 铁路运输费用的结算方式分哪几种?

答:铁路运输费用结算方式分为现金结算和非现金结算两种。

发售车票、承运行李和个人托运的包裹、货物发生的运输费用可核收现金。但对企业、事业单位、机关团体和签有协议的单位购买车票及托运包裹、货物发生的票款和运杂费,也可按非现金结算方式办理。中国人民银行规定结算起点以下的票款和运杂费按现金结算方式办理。

对经常发到货物的单位,在不影响车站运输收入进款送存银行的前提下,可按日汇总结算。

铁路运输费用不办理异地托收。发生退款时,按原收款结算方式办理。

3. 军事运输费用的结算有何规定?

答:按现付办理的军事运输,其运输费用结算方式,按现付的有关规定办理。按后付办理的军事运输,票款、运费和押运人乘车费按后付办理,其他杂费一律按现付办理。

车站对按军运后付办理的客货运输,应使用专用代用票和“军运后付货票”。

4. 铁路运输收入事故的种类有哪些?

答:运输收入事故的种类分为现金事故、票据事故和坏账损失。

(1)现金事故:现金丢失、被盗、被抢劫。

(2)票据事故:在印制、保管、发放、寄送、运输和使用过程中所发生的铁路客货运输票据(含使用过的发送、到达铁路客货运输票据和印刷过程中的半成品)丢失、灭失、被盗、短少。

(3)坏账损失:因失职造成的无法收回的运输收入进款。

5. 铁路运输收入事故的等级分为哪几类?

答:运输收入事故的等级分为一般事故、大事故和重大事故。

(1)一般事故:损失金额不足 1 万元。

(2)大事故:损失金额 1 万元及以上,不足 10 万元。

(3)重大事故:损失金额 10 万元及以上。

第二节　应会知识

一、计费承运

1. 在货票系统中如何进行计费承运制单操作?

答:车站在货票系统中核对“已装车”的整车运单、“已检斤验货”的集装箱运单信息,录入承运人记事,计算运输费用,打印运单发站存查联、托运人存查联、收款人报告联、领货凭证联(客户需纸质领货凭证时),作为运输合同正本和副本。发站存查联、托运人存查联、纸质领货凭证背面应有托、收货人须知及货物托运安全承诺书。

2. 剧毒品运单使用有何规定?

答:实行运输跟踪管理的剧毒品使用黄色纸张打印运单。

3. 计费承运前,如货车未出线发现运单承运人填记信息不准确、不完整应如何处理?

答:计费承运前,如货车未出线发现运单承运人填记信息不准确、不完整,应在货运站、集装箱系统进行取消操作,重新进行装车作业操作。

4."已制票"的运单如发现计费错误时,应如何处理?

答:"已制票"的运单,如发现计费错误等,不得修改,只能作废并重新计费后打印。

5. 对作废的运单,应如何处理?

答:作废的运单,应将已打印的联次作废;未打印的运单作废后,应选择有作废标识的运单,打印发站存查联和收款人报告联。

6. 发站打印的货物运单各联应如何处置?

答:托运人应在发站存查联正面的托运人签章处及背面的"货物托运安全承诺书"处签章后,车站在打印出的运单各联上加盖车站日期戳。发站留存发站存查联,托运人存查联和领货凭证交托运人,收款人报告联上报铁路局集团公司。

有物品清单的,车站打印物品清单一式两份,一份由车站交托运人签章后与运单发站存查联合订留存,一份交托运人。

7. 在货票系统中进行成组或整列装车制单作业时有何规定?

答:成组或整列装车的,货票系统打印运单各联次时应附车辆附表。运单"车种车号"栏记载"成组运输×车"或"整列运输×车","件数""货物价格""托运人确定重量""承运人确定重量"合计栏记载成组或整列货物的合计数，运费按费目记载成组或整列费用的合计数。

8. 国际联运运单打印哪几联次？

答：在国际联运中，国际联运运单是缔结运输合同的凭证，国内段运单作为国内段的计费凭证，仅打印发站存查联、收款人报告联、托运人存查联。

9. 货物运输费用的支付期限有何规定？

答：货物运输费用，按照《铁路货物运价规则》的规定计算。托运人应在发站承运货物当日支付费用。对 18 点以后承运的货物，车站应在货物运单承运日期戳记下注明“翌”字，其运输费用，可以在次日支付。由于临时发生抢险、救灾、防疫等情况，在发站支付确有困难，经发送铁路局集团公司同意，可以后付或由收货人在到站支付。

经常托运或领取货物的托运人或收货人，可按日汇总支付运输费用，其时间在不影响运输费用送交银行的前提下，由站长根据具体情况同托运人或收货人商定。

托运人或收货人迟交运输费用时，应向承运人支付规定的运杂费迟交金。

10. 货运票据封套如何填记？

答：封套封面上各栏应根据实际情况填记并加盖车站日期戳记和带站名的经办人名章。一车有两个以上到站的封套，“货物到站”栏应按到达顺序填写站名，并冠以(1)、(2)、(3)等顺序号码。途中各到站卸后抹去本站站名和与前方卸车站无关的事项，填写需要增加的内容，并在更改处加盖带有站名的经办人名章。整零车封套的“运单号码”栏只填记“内装票据××份”，“货物品名”栏填记“整零”字样。

国际联运进口(或过境)货车的封套“发站”栏填记进口国境站名，出口(或过境)货车的封套“货物到站”栏填记出口国境站名，并均应在站名下标一“㊓”字。

装运危险货物时，应在封套的“记事”栏内注明危险货物的类项和编组隔离标记。

装运鲜活货物时，应在封套的“记事”栏内注明“活动物”或“易腐货物”字样，易腐货物还应填记“Ⓚ”标记。

装运属于“Ⓑ”的保价货物时，应在“记事”栏内填记“Ⓑ”标记。有关货车编组、解体、挂运时应注意的其他事项（包括规定的标记、符号），也应在“记事”栏内注明。

二、交　　付

1. 收货人凭纸质领货凭证领货时，如何办理内交付手续？

答：收货人凭纸质领货凭证领货的，收货人为个人时，还需提供收货人身份证；收货人为单位时，还需提供委托书和经办人身份证。车站在货票系统中调取运单信息，核实领货凭证、领货人身份等，采集收货人（经办人）身份证及头像影像资料，办理内交付手续。委托他人领取货物时应同时核实领货凭证、收货人身份证复印件、被委托人身份证原件和委托书。纸质领货凭证未到或丢失时，可凭有经济担保能力的企业出具的担保书办理内交付手续。专用线可凭企业出具的委托领货手续，办理交付。

2. 收货人凭领货密码领货时，如何办理内交付手续？

答：收货人凭领货密码领货的，车站在货票系统中验证领货验证码，核实收货人身份信息，采集经办人身份证及头像影像资料，办理内交付手续。委托他人领取货物时，查验收货人在电商系统录入的被委托人姓名、身份证号码、手机号码等委托信息及领货密码办理内交付手续。

3. 在货票系统中如何进行交付制单操作？

答：车站在货票系统中补充确认到达及卸车相关信息，核收相关费用后，打印运单到站存查联、收货人存查联加盖车站日期戳。运单收货人存查联交收货人，运单到站存查联由收货人签章后留存。运单状态变为“已内交付”。

纸质领货凭证与运单到站存查联、变更要求书、调卸作业单、普通记录等合订留存。

三、取消托运和运输变更

1. 货运票据电子化作业中如何受理托运人的取消托运需求?

答:对托运人提出的取消托运需求，货场装车的，发站确认货车在本站，通知行车人员后，方可受理；专用线装车的，路企交接前可受理，路企交接后不受理。受理时应审核并收回运单托运人存查联、领货凭证；办理电子领货的，验证领货密码，打印领货凭证。

2. 对已受理的取消托运需求，车站应如何处理?

答:对已受理的取消托运需求，发站货运人员通知行车人员将货车调回货场，并在货票系统完成取消托运操作。核收相关费用后，运单需求单按“已装车”状态回退到货运站、集装箱系统，在货运站、集装箱系统进行取消装车操作。

3. 车站如何受理货物运输变更业务?

答:途中或到站仅受理托运人提出的货物运输变更需求。变更处理站应审核运单托运人存查联、领货凭证、货物运输变更要求书；电子领货的，验证领货密码，打印领货凭证。

变更到站时，处理站应报铁路局集团公司同意后方可受理，在货票系统中录入货物运输变更要求书，收取变更手续费，运单状态变为“变更完成”，并在纸质运单托运人存查联、领货凭证上修改相关信息，加盖车站日期戳或带有站名的人名章后交托运人。电子领货的，向托运人申明，原领货密码失效，凭变更后的纸质领货凭证领货。

4. 货物运输变更到站后，新到站应如何操作?

答:新到站在货运站或集装箱系统完成卸车操作，并通过货票系统打印运单到站存查联、收货人存查联、货物运输变更要求书，办理相关费用退补手续和交付手续。零散货物快运不办理变更到站。

5. 车站如何办理国际联运运输变更?

答:国际联运运输变更按国际货协相关规章执行。发站在受理国际联运出口(含过境)货物运输变更时，应向国境站拍发变更电报，还要确认托运人在电商系统中提交的电子信息变更申请，内容包括:国际联运运单号码(批号)、申请变更事项、变更内容、发站拍发的电报号码等。国境站确认电商系统中托运人提交的电子信息变更申请与电报内容完全一致后，审核通过并在电商系统中确认修改。

四、运杂费手工计算

1. 山西太钢不锈钢股份有限公司从太原北站太原钢铁(集团)有限公司专用铁路发芜湖西站 10 件 56 t 薄板卷一车，收货人:太原金杜商贸有限公司。计算应收费用。

全程里程 1 336 km，计费里程 1 096 km，基金里程 1 336 km，杂费里程 1 336 km，其中:京九分流 257 km(运价率 0.006 元/吨公里)，大秦公司 240 km，大秦电化 46 km，电化里程 1 062 km。

答:运费:(18.6＋0.103×1 096)×56×0.991×0.991 1＋0.007×1 062×56＝7 232.1＋416.3＝7 648.4(元)

铁建基金:0.033×1 336×56×0.991×0.991 1＝2 424.9(元)

大秦公司运费:0.103×240×56×0.991×0.991 1＋0.007×46×56＝1 359.7＋18.0＝1377.7(元)

京九分流运费:0.006×257×56×0.991 1＝85.6(元)

印花税:(7 648.4＋1 377.7＋85.6)×0.000 5＝4.6(元)

费用合计:7 648.4＋1 377.7＋85.6＋2 424.9＋4.6＝11 541.2(元)

2. 山西粮食集团从朔州站山西粮食集团朔州储备库有限责任公司专用线发金马村站(昆)云南红河物流有限责任公司专用线1 167件70 t玉米1车,收货人:云南红河物流有限责任公司。计算应收费用。

全程里程2 679 km,计费里程1 948 km,基金里程2 679 km,杂费里程2 679 km,其中:电化里程1 896 km,大秦公司731 km,大秦电化556 km,发站取送车里程2 349 m,到站取送车里程2 446 m。

答:运费:(16.3+0.098×1 948)×70×0.991×0.991 1+0.007×1 896×70=14 245.8+929=15 174.8(元)

大秦公司运费:0.098×731×70×0.991×0.991 1+0.007×556×70=4 925.3+272.4=5 197.7(元)

印花税:(15 174.8+5 197.7)×0.000 5=10.2(元)

发站取送车费:2×2.349≈5(km)　5×8.1=40.5(元)

到站取送车费:2×2.446≈5(km)　5×8.1=40.5(元)

费用合计:15 174.8+5 197.7+10.2+40.5×2=20 463.7(元)

3. 某货运站6月15日8:00一次送到专用线(线长6.2 km)卸车地点15车,该专用线一次卸车能力为5车,面粉3车(苫盖铁路篷布3张)、红砖2车、柴油3车、原木4车、原煤3车,第一批13:00作业完了,第二批17:45作业完了,第三批20:30作业完了,收货人于6月20日将篷布送回车站办理货物交付手续并交款。计算应收取费用。

答:货车延期占用费率:罐车6.5元/车小时,其他货车5.7元/车小时,卸车标准时间4.0 h。

取送车里程:6.2×2≈13(km)　取送车费:13×8.1×15=1 579.5(元)

货车延期占用费:

第一批卸车延长时间：8 时至 13 时为 5 小时，延长 5－4＝1(h/车)

第二批卸车延长时间：8 时至 17 时 45 分约为 9.7 小时，延长 9.7－4－4＝1.7≈2(h/车)

第三批卸车延长时间：8 时至 20 时 30 分为 12.5 小时，延长 12.5－4－4－4＝0.5≈1(h/车)

货车延期占用费：5×1×5.7＋3×2×6.5＋2×2×5.7＋5×1×5.7＝118.8(元)

篷布延期使用费：

延期天数：20－15－2＝3(天)(16、17 日免费，18、19、20 日收费)

篷布延期使用费：3×60×3＝540(元)

运杂费迟交金：

自 6 月 16 日起核收运杂费迟交金，迟交天数＝20－15＝5(天)(16 日至 20 日)

运杂费迟交金：(1 579.5＋118.8)×3‰×5＝25.5(元)

合计收取的运杂费：1 579.5＋118.8＋540＋25.5＝2 263.8(元)

4. 兰州东站发郑州北站玉米一车，使用 60 t 棚车一辆。车辆运行至新丰镇站时，前方线路塌方，中断行车，后经发货人要求变更新到站阳平关站，到达阳平关卸车时发现实际为玉米种子。计算发、到站应核收的费用。

兰州东至郑州北 1 280 km、兰州东至新丰镇 809 km、新丰镇至阳平关 884 km、宝鸡东至新丰镇 207 km、兰州东至宝鸡东 602 km、宝鸡东至阳平关 275 km、全程均为电气化区段。

答：运费：[16.3＋0.098×(602＋275)]×60×0.991×0.991 1＋0.007×(602＋275)×60＝6 025.4＋368.3＝6 393.7(元)

运费两倍的违约金：6 393.7×2＝12 787.4(元)

2. 补收铁建基金：0.033×(602＋275)×60×0.991×0.991 1＝

1 705.5(元)

铁建基金违约金:1 705.5(元)

到站应补收的运费合计:12 787.4+1 705.5+1 705.5=16 198.4(元)

5. 武威站发陈官营站废钢铁一车,标重 60 t,到站过衡后发现实际货物重量 65 t,本车型允许增载 1 t,计算到站应补收的费用。

运价里程 316 km,电化里程 316 km,基金里程 316 km。

答:4 t 全程正当运费:(18.6+0.103×316)×4×0.991×0.991 1+0.007×316×4=209.7(元)

4 t 建设基金:0.033×316×4×0.991×0.991 1=41(元)

费用合计:209.7+41=250.7(元)

6. 晋西站晋西专用线(距车站中心 11 km)发到重工专用线(距车站中心里程 19 km)混煤,货物重量 60 t,全程 30 km,企业自备货车运输,铁路机车拉运,铁路承担装车作业,计算应收费用。

答:运费:(16.3+0.098×30)×60×0.991×0.991 1×(1-20%)=907(元)

印花税:0.000 5×907=0.5(元)

发站装卸费:14.56×60=873.6(元)

费用合计:907+0.5+873.6=1 781.1(元)

7. 从贵阳西回空自备罐一车(4 轴)到湛江,试计算发站应收的运杂费。

运价里程 1 059 km,基金里程 1 059 km,电化里程 884 km。

答:运费:0.525×1 059×4×0.991×0.991 1+0.021×884×4=2 258.6(元)

印花税:2 258.6×0.000 5=1.1(元)

建设基金:0.099×1 059×4×0.991×0.991 1=411.9(元)

费用合计:2 258.6+1.1+411.9=2 671.6(元)

8. 麻城站发往东莞东站冻肉 1 车 35 t,使用 B_{10} 型铁路机械冷

藏车装运,自2019年4月12日承运,4月22日到达东莞东站,货主提出货物运到逾期,要求铁路赔付逾期违约金。(经查,该车4月15日运行至向塘西站时因检修过期,车辆部门要求扣车,4月18日换装后继运),问铁路是否应赔付逾期违约金?如赔付应赔多少?

麻城—东莞东,全程里程1 236 km。

答:应给货主赔付逾期违约金。

该批货物的运到期限=1 236÷250+1=6(日)。

该车在途中换装不属托运人责任产生。

该车应到期日期是4月18日,逾期4天。

根据《铁路货物运输规程》第37条规定,应按运费的20%支付逾期违约金。

运费:(18.6+0.103×1 236)×44×0.991×0.991 1=6 305.5(元)

违约金:6 305.5×20%=1 261.1(元)

9. 某站一专用线,铁路产权。自接轨道岔尖端起,该专用线的总长度为3 km。现租给某物资单位使用两年,试计算路产专用线租用费。

答:3 km=3 000 m,200×3 000×2=1 200 000(元)

10. 某站冷库专用线(距车站中心线3 km)到达一组5辆型机械冷藏车组,不能及时卸车,收货人要求租用3天(租用费每天660元/车组),并制冷。计算到站应核收的费用。

答:取送车费:5×8.1×3×2=243(元)

租用费:660×1×3=1 980(元)

费用合计:243+1 980=2 223(元)

11. 某单位于9月1日在某站装运一批钢材,运杂费7 899元,用支票结账。9月3日支票因印鉴不清发生银行退票,当天该单位接车站通知后立即来重新换支票。计算应核收的迟交金。

答::9月3日至9月1日,迟延天数2日。

迟交金:7 899×2×3‰=47.4(元)

12. 河津市河东耐火材料有限公司从永济站货场发城厢站(成)55 t瓷砖，使用2个20英尺铁路通用集装箱装载，每箱货物价格5 000元(保价运输)，收货人：成都源通物流有限公司。两端由铁路装卸作业。计算应收费用。

全程里程1 035 km，计费里程672 km，基金里程709 km，杂费里程1 035 km，达成地铁326 km，电化里程620 km，大秦公司37 km。

答：运费：(440＋3.185×672)×0.991 1×(1＋10%)×2＝5 626.2(元)

铁路建设基金：0.528×709×0.991 1×(1＋10%)×2＝816.2(元)

大秦公司运费：3.185×37×0.991 1×(1＋10%)×2＝257(元)

达成运费：0.167 1×326×0.991 1×(1＋10%)×50＝2 969.5(元)

集装箱使用费(250 km以内：35元/箱；251 km及以上：每增加100 km按6元/箱，不足100 km按100 km计算)：(1 035－250)/100＝7.85(日)　(35＋8×6)×2＝166(元)

发站装卸费：195×2＝390(元)

到站装卸费：195×2＝390(元)

印花税：(5 626.2＋257＋816.2＋2 969.5)×0.000 5＝4.8(元)

货物保价费：10 000×3‰＝30(元)

费用合计：5 626.2＋257＋2 969.5＋816.2＋166＋4.8＋390＋390＋30＝10 649.7(元)

13. 某站准备装运一车易腐货物，使用单节机械冷藏车。当车(已经预冷)送到该站时，托运人取消托运。计算发站应核收的费用。

答：变更手续费：100×1＝100(元)

第三节　应急处置

一、货物运单应急处理

1. 制单时遇故障需重新打印时应如何处理?

答:遇故障需重新打印运单时,应重新计费后打印。

2. 发站货票系统无法接收数据时,应如何处理?

答:发站货票系统无法接收货运站、集装箱系统数据时,需经单位主管领导同意,车间(车站)副主任(副站长)及以上人员签认后方可开启手工制票、手工修改车号卡控开关,采用手工录入方式制单。作业完毕(或恢复正常作业)后立即将卡控开关恢复定位。

二、特殊情况下运输费用的处理

1. 车站发现货物品名、重量不符造成运输费用多收或少收时应如何处理?

答:车站发现品名、重量不符造成运输费用多收或少收时,按下列规定处理:

发站发现的,应重新制票,票据各联不全时,应用货运杂费收据或"车站退款证明书"进行补退,列原运输收入项目,并发电报通知到站及双方收入管理部门。

中途站或列车发现的,通知到站处理。

到站发现或接到中途站、列车通知的,在未接到发站补退处理的电报时,少收运输费用的由到站补收列本企业运输收入,多收运输费用的通知发站退款。到站应将处理情况发电报通知发站及双方收入管理部门。

如发生重复补费时,由违反规定的车站办理退款。

发、到站补收的铁路建设基金(不含违约金)必须列原运输收入项目。

2. 货物取消托运时,货物运输费用应如何处理?

答:车站办理货物取消托运时,应将原票据收回注销,注明“取消托运”字样。当日办理时比照作废票据处理。次日以后办理时,另以“车站退款证明书”办理退款,收回的票据(报销联、运输凭证联、领货凭证)随“车站退款证明书”上报。因取消托运发生的各项杂费,另填货运杂费收据核收,并将收据号码、收费项目及金额填记在原票据记事栏内。

3. 货物变更到站时,货物运输费用应如何处理?

答:车站办理货物变更到站时,由变更后的到站重新计算运输费用,补退差额,在交付时填发货运杂费收据或“车站退款证明书”办理补退款手续,原变更票据上报本运输企业收入管理部门。新到站发现发站原收运输费用计算错误时,应发电报向原发站及上级收入管理部门查询答复后再办理补退款手续。

第五章　铁路客户服务员(货运)

第一节　应知知识

一、货物承运受理

1. 铁路货物运输分为哪几类?

答:铁路货物运输种类分为整车、零担和集装箱。

2. 整车、零担、集装箱托运的条件是什么?

答:一批货物的重量、体积或形状需要以一辆以上货车运输的,应按整车托运;不够整车运输条件的,按零担托运;符合集装箱运输条件的,可以按集装箱托运。按零担托运的货物,一件体积最小不得小于 0.02 m^3(一件重量在 10 kg 以上的除外),每批不得超过 300 件。

3. 按一批托运的条件是什么?

答:按一批托运的货物,必须托运人、收货人、发站、到站和装卸地点相同(整车分卸货物除外)。整车货物每车为一批。跨装、爬装及使用游车的货物,每一车组为一批。

零担货物或使用集装箱运输的货物,以每张货物运单为一批。使用集装箱运输的货物,每批必须是同一箱型,至少一箱,最多不得超过铁路一辆货车所能装运的箱数。

4. 哪些货物不得按零担托运?

答:(1)需要冷藏、保温或加温运输的货物。

(2)规定限按整车办理的危险货物。

(3)易于污染其他货物的污秽品(例如未经过消毒处理或未使用密封不漏包装的牲骨、湿毛皮、粪便、炭黑等)。

(4)蜜蜂。

(5)不易计算件数的货物。

(6)未装容器的活动物(铁路局集团公司规定在管内可按零担运输的除外)。

(7)一件货物重量超过 2 t,体积超过 3 m^3 或长度超过 9 m 的货物(经发站确认不致影响中转站和到站装卸车作业的除外)。

5. 哪些货物不得按一批托运?

答:下列货物不得按一批托运:

(1)易腐货物与非易腐货物。

(2)危险货物与非危险货物(另有规定者除外)。

(3)根据货物的性质不能混装运输的货物。

(4)按保价运输的货物与不按保价运输的货物。

(5)投保运输险货物与未投保运输险货物。

(6)运输条件不同的货物。

6. 车站落实货物运输实名制时,应查验哪些资料?

答:车站应落实货物运输实名制。托运人为个人的,查验托运人身份证原件,留存复印件;托运人为单位的,查验营业执照、经办人身份证原件,留存营业执照、经办人身份证复印件及注明经办人信息、联系方式、联系地址及所用印章的证明材料。危险货物还应对托运危险货物安全协议、办理限制、到站、品名、托运经办人培训等情况进行核实。承运零散快运货物时,车站查验经办人身份证原件,留存经办人身份证复印件或采集影像资料。

7. 托运人托运货物,运输包装应符合哪些要求?

答:托运人托运货物,应根据货物的性质、重量、运输种类、运输距离、气候以及货车装载等条件,使用符合运输要求、便于装卸和保证货物安全的运输包装。有国家包装标准或铁路总公司包装标准(行业包装标准)的,按国家标准或铁路总公司标准(行业标准)进行包装。

8. 哪些货物按整车运输时只按重量承运,不计算件数?

答:(1)散堆装货物。

(2)成件货物规格相同(规格在三种以内的视作规格相同),一批数量超过 2 000 件;规格不同,一批数量超过 1 600 件。

9. 铁路运输货物,重量由谁确定?

答:铁路运输货物,除一件重量超过车站衡器最大称量的货物外,由承运人确定重量。

10. 承运危险货物应检查哪些内容?

答:承运危险货物时,车站要按照《铁路危险货物运输管理规则》的规定,对品名、编号、类项、包装、标志以及“托运人记载事项”栏的内容进行检查。对《铁路危险货物品名表》中未列载的危险货物或改变危险货物包装时,应按有关规定的运输条件办理。

11. 需凭证明文件运输的货物,应如何办理?

答:根据中央或省(市)、自治区法令,需凭证明文件运输的货物,托运人应将证明文件与货物运单同时提出,并在货物运单托运人记载事项栏注明文件名称和号码。车站在证明文件背面注明托运数量,并加盖车站日期戳,退还托运人或按规定留发站存查。

12. 托运人托运超限、超重货物时,应提供哪些资料?

答:(1)“超限超重货物托运说明书”,货物外形的三视图。图中应标明货物的有关尺寸、支重面长度、货物重量,并以“+”号标明重心位置。

(2)自轮运转货物,应有自重、长度、轴数、轴距、固定轴距、转向架中心销间距离、运行限制条件,以及过轨技术检查合格证。

(3)申请使用的车种、车型、车数及装载加固建议方案。

(4)超过承运人计量能力的货物由托运人确定货物重量,并应有货物生产厂家出具的货物重量证明文件(数据应为货物运输状态时的重量,重量数据如不含装载加固材料或装置重量,须单独注明),对变压器、电抗器等货物,残余油料重量须单独注明;货物生产厂家具备货物称重计量条件的,应要求托运人提供经厂家计量衡器称重的货物重量数据。

(5)其他规定的资料。

托运人应在超限超重货物托运说明书、装载加固建议方案和所提供的资料上签字盖章,并对内容的真实性负责。

13. 哪些货物须派人押运?

答:活动物、需要浇水运输的鲜活植物、生火加温运输的货物、挂运的机车和轨道起重机以及特殊规定应派押运人的货物,托运人必须派人押运。

14. 承运易腐货物应遵守哪些规定?

答:承运易腐货物时,车站要按照《铁路鲜活货物运输规则》的有关规定办理。对《铁路鲜活货物运输规则》未列品名而易于腐坏、变质的货物,车站应认真审定运输条件。

15. 何谓承运?

答:零担和集装箱运输的货物,由发站接收完毕,整车货物装车完毕,发站在货物运单上加盖车站日期戳时起,即为承运。

16. 托运人托运货物拒绝安全检查,车站应如何办理?

答:托运人拒绝安全检查的,车站不予承运。

17. 哪些货物不得按零散货物快运办理?

答:(1)散堆装货物。

(2)危险货物、超限超重和超长货物。

(3)活动物及需冷藏、保温运输的易腐货物。

(4)易于污染其他货物的污秽货物。

(5)军运、国际联运、需在米轨与准轨换装运输的货物。

(6)在专用线(专用铁路)装卸车的货物。

(7)国家法律法规明令禁止运输的货物。

(8)其他不宜作为零散货物运输的货物。

另根据铁总货电〔2018〕17 号文件要求,煤(01)、石油(02)、焦炭(03)、金属矿石(04)、钢铁(05)、非金属矿石(06)、磷矿石(07)等七个大宗货物品类,以及棚车以外车辆装运的货物,不得按零散快运办理。

18. 何谓铁路货物运单?

答:铁路货物运单,是铁路货物运输合同或运输合同的组成部分,也是铁路收取货物运输费用的结算单据之一,系一整套票据,由带编号的 6 联和不带编号的需求联组成,可以按照需求分别打印各联。

19. 货物运单各联的名称及用途是什么?

答:第 1 联,货物运单正本(发站存查联),用途为发站留存的已生效的运输合同。

第 2 联,货物运单副本(收款人报告联),用途为发站收款的已生效的运输合同(财务凭证)。

第 3 联,货物运单正本(托运人存查联),用途为托运人留存的已生效的运输合同。

第 4 联,货物运单副本(到站存查联),用途为到站留存的已生效的运输合同。

第 5 联,货物运单副本(收货人存查联),用途为收货人留存的已生效的运输合同。

第 6 联,货物运单副本(领货凭证联),用途为收货人在到站办理领货的凭证。

第 7 联,货物运单(需求联),用途为记录客户提报需求,发站留存。

20. 托运个人物品不得夹带哪些物品?

答:个人托运的物品内,不得夹带下列物品:

(1)金、银、钻石、珠宝、首饰、古玩、文物字画、手表、照相机。

(2)有价证券、货币、各种票证。

(3)危险货物。

21. 托运爆炸品或烟花爆竹时,托运人应出具哪些证明文件?

答:托运爆炸品或烟花爆竹时,托运人须相应出具运达地县级人民政府公安部门核发的《民用爆炸物品运输许可证》或《烟花爆竹道路运输许可证》,均应在货物运单"托运人记载事项"栏内注明许可证名称和号码,并在货物运单右上角用红色戳记相应标明"爆炸品"或"烟花爆竹"字样。

22. 按一批托运的零散快运,对货物重量、体积有何规定?

答:零散快运适用于每一批托运重量不足 40 t 且体积不足 80 m^3 的货物。

23. 按一批托运的批量快运,对货物重量、体积有何规定?

答:批量快运适用于每一批托运重量 40 t 及以上或体积 80 m^3 及以上的货物。

为进一步满足市场需求,对批量品类货物且单批重量不足 40 t 且体积不足 80 m^3 时,亦可比照批量快运办理,最低按 40 t 或 80 m^3 计费。

24. 货物快运的计费重量如何确定?

答:货物快运的计费重量按货物重量和货物体积折算重量择大确定。

对批量品类货物且单批重量不足 40 t 且体积不足 80 m^3 的货物比照批量快运办理时,最低按 40 t 或 80 m^3 计费。

二、货物运输组织

1. 签订铁路货物运输协议、运输合同有何规定?

答:托运人以铁路运输货物,可按年度、半年度、季度或月度签订货物运输协议,也可以签订更长期限的运输协议;在协议期内,托运人可与承运人按阶段确定需求,交运货物时,向承运人按批提出货物运单,作为运输合同的组成部分。其他货物使用货物运单作为运输合同。

2. 零散货物快运分为几种方式?

答:零散货物快运分为环线快运和点对点快运两种方式。环线快运,是指以客车化模式开行的货物快运列车装运零散货物的装运方式;点对点快运,是指同车所装零散货物全部为同一到站且一站直达的装运方式。

3. 哪些货物应优先运输?

答:对于抢险救灾物资、直接用于农业生产的物资、鲜活货物以及其他需要急运的物资,应优先运输。

4. 货物实际运到日数起止时间如何确定?

答:货物实际运到日数的计算:起算时间从承运人承运货物的次日(指定装车日期的,为指定装车日的次日)起算。终止时间,到站由承运人组织卸车的货物,到卸车完了时止;由收货人组织卸车的货物,到货车调到卸车地点或货车交接地点时止。

5. 托运易腐货物、"短寿命"放射性货物时,对运输期限有何要求?

答:托运易腐货物、"短寿命"放射性货物时,应记明货物的容许运输期限。容许运输期限至少须大于货物运到期限三天。

6. 货物装车和卸车的组织工作由谁负责?

答:货物装车和卸车的组织工作,在车站公共装卸场所以内由承运人负责。但罐车运输的货物、冻结易腐货物、未装容器的活动物、蜜蜂、鱼苗、一件重量超过 1 t 的放射性同位素,以及用人力装卸带有动力的机械和车辆,均由托运人或收货人负责组织装车或卸车。

其他货物由于性质特殊,经托运人或收货人要求,并经承运人同意,也可由托运人或收货人组织装车或卸车。

7. 哪种情况下货物运输合同即告解除?

答:承运后发送前托运人可向发站提出取消托运,经承运人同意，货物运输合同即告解除。

8. 哪些工作属于装卸车附属作业？

答：（1）铺垫或整理防湿垫枕，苫盖、撤除、折叠和取送篷布。

（2）清扫货车、货位，关闭拧固车门、车窗、盖、阀。

（3）整理装车后剩余货物，必要时用篷布苫盖或搬入库台。

（4）安装或撤除支柱、挡板、垫板、禽畜支架。

（5）装载货物的捆绑加固（需要铆接、焊接等特殊加固除外）。

（6）托盘、网络等铁路装卸工具的铺设、撤移、整理和堆码。

9. 哪些情况应进行换装整理？

答：在运输中发现货车偏载、超载、货物撒漏，以及因车辆技术状态不良，经车辆部门扣留，不能继续运行，或根据《铁路货物运输管理规则》有关规定需要换装整理时，由发现站（或铁路局集团公司指定站）及时换装整理。

换装整理的时间一般不应超过两天。如两天内未换装整理完毕时，应由换装站以电报通知到站，以便收货人查询。

10. 整车运输的货物，托运人要求在站界内搬运或途中装卸时有何规定？

答：按整车运输的货物，托运人要求在站界内搬运或途中装卸时（包括在不办理货运营业的车站装卸），经核准后，可在铁路局集团公司管内办理。但危险货物不得办理站界内搬运或途中装卸。

途中装卸的货物，可根据托运人的要求，以途中装卸的后方或前方办理货运业务的车站作为发站或到站。

11. 哪些货物必须使用棚车装运？

答：对保密物资、涉外物资、精密仪器、展览品，能用棚车装运的必须使用棚车装运，不得用其他货车代替。

12. 装运易腐货物时，对车辆使用有何规定？

答：装运易腐货物应使用冷藏车或冷藏集装箱（机械冷藏车的基本性能见《铁路鲜活货物运输规则》附件 2，BX 型车的主要技术参数见《铁路鲜活货物运输规则》附件 3,铁路冷藏集装箱的主要技术参数见《铁路鲜活货物运输规则》附件 4)。在一定季节和区域内不易腐烂、变质、冻损的易腐货物,经托运人确认不影响货物质量的,承运人可根据托运人的要求,使用棚车或通用集装箱装运。使用棚车装运时,应按"使用棚车运输易腐货物的措施"(《铁路鲜活货物运输规则》附件 5)规定办理。

13. 蜜蜂在运输过程中应遵守哪些规定?

答:为保证铁路作业安全,蜜蜂在车站和运输过程中不得放蜂。蜜蜂到达到站后,要尽快办理卸车、交付手续,并及时搬出货场。

14. 装运鲜活货物,车站、托运人、收货人应做好哪些工作?

答:托运人要落实货源,备齐单证,准备好必要的货物安全防护用品。车站、托运人、收货人应密切配合,及时做好装车、卸车和搬运工作,并采取必要的防护措施,防止货物在装卸、搬运过程中出现腐烂、变质、冻损、污染、生理病害、病残死亡等问题。

三、货物到达交付

1. 承运人应于何时发出领货通知?

答:承运人在车站公共装卸场所内组织卸车的货物,到站应不迟于卸车完了的次日内,用电话、短信或邮件等,向收货人发出领货通知或送货通知,并在货物运单内记明通知的方法和时间。收货人也可与到站商定其他通知方法。

2. 收货人在到站查询所领取的货物未到时,到站应如何处理?

答:收货人在到站查询所领取的货物未到时,到站应在领货凭证背面加盖车站日期戳证明货物未到。

3. 收货人拒绝领取货物时,应如何处理?

答:货物运抵到站,收货人应及时领取。拒绝领取时,应出具书面说明,自拒领之日起,3 日内到站应及时通知托运人和发站,征求处理意见。托运人自接到通知之日起，30 日内提出处理意见答复到站。

4. 哪些货物可按无法交付货物处理？

答：从承运人发出领货通知或送货通知次日起(不能实行领货通知或送货通知时，从卸车完了的次日起)，经过查找，满 30 日(搬家货物满 60 日)仍无人领取的货物或收货人拒领，托运人又未按规定期限提出处理意见的货物，承运人可按无法交付货物处理。

5. 什么情况下核收仓储费？

答：承运人在车站公共装卸场所内组织卸车的货物，收货人应于承运人发出领货通知或送货通知的次日(不能实行领货通知及送货通知或会同收货人卸车的货物为卸车的次日)起算，2 日内将货物搬出或接收货物。超过上述期间未将货物搬出或接收货物，对其超出的期间核收仓储费。根据各地具体情况，铁路局集团公司可以缩短货物免费仓储期限一天，也可以提高仓储费费率，但提高部分最高不得超过规定费率的 1 倍；也可以适当延长货物免费仓储期间。并报铁路总公司备案。

货物承运前和交付后在车站仓储，或货物仅在车站仓储时，按实际仓储期间核收仓储费，铁路局集团公司可根据各地具体情况，确定免费仓储期限，也可以提高仓储费费率，但提高部分最高不得超过规定费率的一倍，并报铁路总公司备案。

6. 收货人向到站支付货物运输费用的时间有何规定？

答：收货人向到站支付货物运输费用的时间，由承运人组织卸车的货物，应不迟于承运人发出领货通知的次日(不能实行领货通知时，应不迟于卸车完毕的次日)；由收货人组织卸车的货物，应不迟于货车调到卸车地点或车辆交接地点的次日。

7. 何谓交付完毕？

答：承运人组织卸车和发站由承运人组织装车到站由收货人组织卸车的货物，在向收货人点交货物或办理交接手续后，即为交付完毕；发站由托运人组织装车，到站由收货人组织卸车的货物，在货车交接地点交接完毕，即为交付完毕。

四、货物损失处理

1. 何谓货物损失？

答：货物在铁路运输过程中（自铁路运输企业接收货物时起，至将货物交付收货人时止）发生灭失、短少或者损坏属于货物损失。

2. 货物损失的赔偿价格和标准是什么？

答：货物损失的赔偿价格：灭失时，按灭失货物的价格；损坏时，按损坏货物所降低的价格。

货物赔偿价格的标准为：

（1）执行国家定价的货物，应按照各级物价管理部门规定的价格计算。

（2）执行国家指导价格或市场调节价格的货物，比照前项国家定价货物中相同规格或类似商品价格计算。

（3）个人托运的搬家货物、行李按货物交付当日（全部灭失时，为运到期限满了的当日）当地国营企业或供销部门的零售价格计算。

3. 限额赔偿是如何规定的？

答：不保价运输的，不按件数只按重量承运的货物，每吨最高赔偿 100 元，按件数和重量承运的货物，每吨最高赔偿 2 000 元；个人托运的搬家货物、行李每 10 kg 最高赔偿 30 元，实际损失低于上述赔偿限额的，按货物实际损失的价格赔偿。

4. 划分货物损失责任的依据是什么？

答：划分货物损失责任应以事实为根据、规章为准绳。在查明货物损失情况和原因的基础上，首先应按国家法律、行政法规及总公司的有关规定划清承运人与托运人、收货人之间的责任。

划分铁路内部各单位及物流企业责任时，货运安全检测监控设备（简称监控设备，包括轨道衡、超偏载检测装置、视频监控等设备）影像资料、检测数据（货物重量短少 2 t 以上），电子施封锁的监控数据，应作为判定货物损失责任的依据。具体按照《损规》附件 3 和有关规定办理。

5. 货物发生损失后，处理期限有何规定？

答：对承运人责任明确的货物损失处理要坚持快速调查、快速定责。自到站编制货运记录之日起，对轻微、三级损失处理期限最长不得超过 10 日；对二级、一级损失处理期限最长不得超过 30 日。

6. 货物发生损失后，办理赔偿期限有何规定？

答：办理赔偿的期限，自受理赔偿要求的次日起至填发"赔通"之日止为 2 个工作日。特殊情况下办理赔偿的最长期限：直属站段不超过 5 个工作日，铁路局集团公司不超过 10 个工作日。

7. 承运人同托运人或收货人间要求赔偿或退补费用的有效期限有何规定？

答：承运人同托运人或收货人相互间要求赔偿或退补费用的有效期间为 180 日，但要求承运人支付违约金的有效期间为 60 日。有效期间由下列日期起算：

（1）货物灭失、损坏或铁路运输设备损坏，为承运人交给货运记录的次日；货物全部灭失未编有货运记录，为运到期限满期的第 31 日。

（2）多收或少收运输费用，为核收该项费用的次日。

（3）要求支付违约金，为交付货物的次日。

（4）其他赔偿及退补多收或少收费用，为发生事故或核收该项费用的次日。

五、货物运杂费业务

1. 货物运费的计费重量如何确定？

答：货物运费的计费重量，整车货物以吨为单位，吨以下四舍五入;零担货物以 10 kg 为单位,不足 10 kg 进为 10 kg;集装箱货物以箱为单位。

2. 货物运输费用如何计算?

答:货物运费按照承运货物当日实行的运价率计算。杂费按照发生当日实行的费率核收。

每项运费、杂费的尾数不足 1 角时按四舍五入处理。

各项杂费凡不满一个计算单位,均按一个计算单位计算(另定者除外)。

零担货物的起码运费每批 2.00 元。

3. 运输超限货物如何计费?

答:运输超限货物,发站应将超限货物的等级在货物运单内注明,按下列规定计费:

(1)一级超限货物:按运价率加 50%。

(2)二级超限货物:按运价率加 100%。

(3)超级超限货物:按运价率加 150%。

对安装超限货物检查架的车辆,不另收运费。

4. 限速运行的货物如何计费?

答:需要限速运行(不包括仅通过桥梁、隧道、出入站线限速运行)的货物,按运价率加 150%计费。需要限速运行的超限货物,只按限速运行核收加成运费,不另核收超限货物加成运费。

5. 运输危险货物如何计费?

答:运输危险货物,根据危险货物的性质、等级按下列规定计费:

(1)一级毒性物质(毒害品)按运价率加 100%。

(2)爆炸品、易燃气体、非易燃无毒气体、毒性气体、一级易燃液体(代码表 02 石油类除外)、一级易燃固体、一级自燃物品、一级遇水易燃物品、一级氧化性物质、有机过氧化物、二级毒性物质(有毒品)、感染性物质、放射性物质按运价率加 50%。

6. 用铁路机车往专用线、货物支线（包括站外出岔）或专用铁路的站外交接地点调送车辆时如何核收费用？

答：用铁路机车往专用线、货物支线（包括站外出岔）或专用铁路的站外交接地点调送车辆时，核收取送车费。计算取送车费的里程，应自车站中心线起算，到交接地点或专用线最长线路终端止，里程往返合计（不足 1 km 的尾数进整为 1 km），取车不另收费。

向专用线取送车，由于货物性质特殊或设备条件等原因，托运人、收货人要求加挂隔离车时，隔离车按需要使用的车数核收取送车费。

托运人或收货人使用铁路机车进行取送车辆以外的其他作业时，另核收机车作业费。

7. 一批或一项货物，运价率适用两种以上加减成率时如何计费？

答：一批或一项货物，运价率适用两种以上减成率计算运费时，只适用其中较大的一种减成率；适用两种以上加成率时，应将不同的加成率相加之和作为适用的加成率；同时适用加成率和减成率时，应以加成率和减成率相抵后的差额作为适用的加（减）成率。

8. 发送前取消托运发站应如何核收费用？

答：发送前取消托运，发站退还全部运费（含电气化附加费、京九分流运费和铁路建设基金等）和按里程计算的杂费，如货物运费低于变更手续费时，免收变更手续费，但不退还运费。

9. 货物发送后，托运人要求变更到站时，运杂费如何核收？

答：货物发送后，托运人要求变更到站时，运费与押运人乘车费应按发站至处理站，处理站至新到站分别计算，由新到站向收货人清算，处理站应将变更事项记入货票内。

由于处理变更所发生的杂费，应按实际发生分别核收。

10. 托运人匿报、错报货物品名造成运费减收时应如何核收?

答:承运后发现托运人匿报、错报货物品名填写运单,致使货物运费减收或危险货物匿报、错报货物品名按一般货物运输时,按批核收全程正当运费两倍的违约金,不另补收运费差额。

六、客户营销服务

1. 何谓铁路货运客户?

答:铁路货运客户是指通过铁路运送货物并支付运费的企业或个人。

2. 客户关系管理的核心内涵是什么?

答:客户关系管理的核心内涵是以客户为中心,以服务为手段,不断满足客户的需求,建立和巩固铁路与客户之间长期稳定的关系,达到巩固既有客户、拓展新客户,不断提高运营效率、扩大铁路货运市场份额的目标。

3. 市场营销服务主要包括哪些内容?

答:主要包括客户服务、市场调查、信息采集、客户建档、营销策划、货源组织、日常运输、统计分析等工作。

4. 如何做好客户关系维护?

答:建立客户定期走访与日常联系机制。定期走访客户,掌握客户产销和运输需求变化情况,听取客户对铁路营销政策和运输组织等方面的意见和建议,及时解决企业在运输过程中出现的问题和困难,维护路企良好合作关系。同时加强与企业的日常交流,畅通沟通渠道。

七、其　　他

1. 货运票据电子化实施范围包括哪些?

答:货运票据电子化实施范围包括整车、集装箱、批量、零散货物运输,以及不良货车、检修车、机车车辆、用具、货物回送等业务。

铁路货运、车务、车辆和机务等相关作业环节依据货运票据电子信息进行管理，组织作业。

军事运输、水陆联运、零散货物快运环线运输、路产专用货车回送暂按既有规定执行。国际联运《铁路货运票据电子化暂行管理办法》未规定的按既有规定执行。

2. 货运票据电子化相关票据主要包括哪些?

答:货运票据电子化相关票据主要包括:货物运单(含国际联运国内段运单)、货车装载清单、特殊货车及运送用具回送清单、货运记录、普通记录、商务记录、物品清单、不良货车通知单、装卸作业单、货车篷布交接单、货车调送单、垫款通知书、车辆检修通知单、检修车回送单、检修车辆竣工验收移交记录、检修车辆竣工移交记录、新造车辆竣工移交记录、货物运输变更要求书、超限超重货物运输记录、调卸作业单、列车编组顺序表等。

3. 敞开受理"八不准"的具体要求有哪些?

答:(1)不准限制任何一种受理渠道提报运输需求，确保各种受理渠道畅通。各受理岗位要对客户提报需求条记录，确保清晰完整、留痕备查。

(2)不准遗漏任何已经确认的实货需求，确保全部录入电商系统。

(3)不准以实货核实等任何理由限制客户提报运输需求，确保客户自由提报，反映真实需求。

(4)不准受理应按吨提报却按车提报的运输需求。

(5)不准限制受理实货装车需求，运能确实不能满足时，必须按"公平、公正、公开"原则排队受理需求。

(6)不准落空已受理的实货装车需求，确保兑现实货装车。确因特殊情况落空的必须要有书面分析说明，并视情况在次日优先安排装车。

(7)不准以设立运输户头或以注册名义变相设立运输户头设

置门槛，限制受理客户需求。

(8)不准隐瞒或拒绝客户提出的受理服务投诉，确保公开受理和直接受理。

第二节　应会知识

一、客户咨询处理

1. 首次出现新问题时，货运客服人员如何解答？

答：首次出现新问题时，解答用语为：您好。我们第一次接到您反映的这类问题（或投诉），我们将及时向有关部门反馈，待我们了解清楚后，及时给您回电，感谢您的来电。

2. 遇有无规范解答用语的问题时，货运客服人员如何处理？

答：遇有新出现的问题，无规范的解答用语时，及时向业务主管部门反馈，并由业务主管部门形成规范的解答用语，客服人员要详细记录客户反映的信息。

3. 客户可通过哪些渠道提报铁路货物运输需求？

答：客户有运输需求时可通过 95306 网点击“我要发货”、拨打 95306 客服电话、拨打货运营业场所受理服务电话、到货运营业场所办理、注册客户网上自助办理、接受客服人员上门受理六种渠道提报需求，提报的需求进入中国铁路 95306 网站，由系统自动受理。

4. 对托运人提出的取消托运需求，哪些情况可以受理？

答：对托运人提出的取消托运需求，货场装车的，发站确认货车在本站后，方可受理；专用线装车的，路企交接前可受理，路企交接后不受理。

5. 受理货物或上门取货时，安全检查的内容有哪些？

答：受理货物或上门取货时，应认真核对货物品名、性质、重量、数量、规格尺寸、到站（到达地点）和特殊运输需求等信息，甄别是否为危险货物或违禁物品，核实运输和包装防护条件，对货物进行安全检查。

6. 客户提出日运输需求，对实际货物品名、性质等进行现货清点验视有何规定？

答：(1)对难以判明和《铁路危险货物品名表》未列且物理化学性质不明，以及有可能构成危险货物半成品、原材料的货物，由车站、托运人现场抽样、粘贴封条后到具备鉴定资质的机构进行鉴定，车站依据检验鉴定结果确定是否可以装车；不能出具的，不得受理。相关鉴定费用由托运人负担。

(2)有包装货物：对同品名、同规格、生产厂家原包装或简易包装可视检的货物，车站可按批进行抽检，各单位应根据不同货物种类和性质等条件制定抽检要求。对二次包装、不同品名、不同规格以及不同生产厂家的货物须逐件安全检查、甄别。

(3)无包装货物：对无包装的货物须逐批、逐件安全检查、甄别。

(4)批量零散货物中属危险货物的，应执行《铁路危险货物运输管理规则》要求。

7. 与托运人签订抽检安全协议有何规定？

答：对满足抽检条件的零散货物快运、混装货物可同托运人按年度签订安全协议，必须具备有效营业执照，协议中应明确货物品名、规格、包装、生产厂家、违约责任等内容。

8. 对不符合货物安检要求的需求，如何进行实货核实？

答：对不符合货物安检要求的，不得进行实货核实，并在“中国铁路货运电子商务系统”中“核实原因”内明示原因，防止发生匿报、谎报货物品名或夹带违禁物品、危险货物行为的发生。

9. 托运人托运货物时应提供哪些证明材料？

答：托运人为个人的，提供托运人身份证原件，车站留存复印件；托运人为单位的，提供营业执照、经办人身份证原件，车站留存营业执照、经办人身份证复印件及注明经办人信息、联系方式、联系地址及所用印章的证明材料。

承运零散快运货物时，提供经办人身份证原件，车站留存经办人身份证复印件或采集影像资料。

10. 受理货物运输变更需求有何规定?

答:途中或到站仅受理托运人提出的货物运输变更需求。变更处理站应审核运单托运人存查联、领货凭证、货物运输变更要求书;电子领货的，验证领货密码，打印领货凭证。

变更到站时，处理站应报铁路局集团公司同意后方可受理，在货票系统中录入货物运输变更要求书，收取变更手续费，运单状态变为"变更完成"，并在纸质运单托运人存查联、领货凭证上修改相关信息，加盖车站日期戳或带有站名的人名章后交托运人。电子领货的，向托运人申明，原领货密码失效，凭变更后的纸质领货凭证领货。

11. 零散货物快运办理货物运输变更有何规定?

答:零散货物快运仅可以办理变更收货人，不办理变更到站。

12. 国际联运出口(含过境)货物运输办理变更有何规定?

答:客户向发站提出国际联运出口(含过境)货物运输变更时，发站受理后向国境站拍发变更电报，还要确认托运人在电商系统中提交的电子信息变更申请。国境站确认电商系统中托运人提交的电子信息变更申请与电报内容完全一致后，审核通过并在电商系统中确认修改。

13. 收货人分批领取货物如何办理?

答:分批领取货物时，应在运单收货人存查联上逐批记载领取货物的品名、件数、重量、时间等信息，全批点交完毕后，加盖"货物交讫"戳记。

14. 收货人凭纸质领货凭证领货的，应提供哪些资料?

答:收货人凭纸质领货凭证领货的，收货人为个人时，还需提供收货人身份证;收货人为单位时，还需提供委托书和经办人身份证。

15. 收货人委托他人领取货物时,车站应如何办理内交付手续?

答:应核实领货凭证、收货人身份证复印件、被委托人身份证原件和委托书。纸质领货凭证未到或丢失时,可凭有经济担保能力的企业出具的担保书办理内交付手续。

16. 收货人凭领货密码领货的,车站应如何办理内交付手续?

答:收货人凭领货密码领货的,车站在货票系统中验证领货验证码,核实收货人身份信息,采集经办人身份证及头像影像资料,办理内交付手续。委托他人领取货物时,查验收货人在电商系统录入的被委托人姓名、身份证号码、手机号码等委托信息及领货密码办理内交付手续。

17. 专用线如何办理货物交付?

答:专用线可凭企业出具的委托领货手续,办理交付。

18. 机车车辆及运送用具回送时应如何办理?

答:非铁路产权机车车辆凭客户需求填制货物运单回送。路产机车无动力回送时,由机务段提出运输需求免费托运。集装箱、篷布以及集装化用具、需洗刷除污的货车、铁路运营用衡器、装卸机具、军运备品和装置凭特殊货车及运送用具回送清单(简称回送清单)回送。

19. 收货人或托运人必须在到站办理赔偿吗?

答:不是。

(1)对承运人责任明确的货物损失,收货人或托运人向到站或发站提出赔偿要求时,到站或发站均应受理。

(2)涉及物流外包业务的,由签约单位按合同约定指定车站受理。

(3)另在运输途中发生的火灾、货物变质、活动物死亡等情况就地处理时,经与托运人、收货人协商同意,可由发现站受理,并通知发、到站。

20. 收货人或托运人向铁路部门提出赔偿需要提供哪些资料?

答:向铁路提出赔偿要求时,准确、清楚填写“赔偿要求书”,其中提赔单位、姓名必须与货物运单或快运货票记载的收货人或托运人相符。需转账的,提供的开户行、户名和账号信息必须一致。同时,还需提供以下资料:

(1)货运记录(货主页)原件;

(2)货物运单原件;

(3)物品清单(发站填制的除外);

(4)领货凭证(货物全部灭失时须提供);

(5)其他必要的证明材料。

21. 在什么情况下,托运人、收货人可按货物灭失向到站要求赔偿?

答:运到期限满期后,经过 30 天,仍不能在到站交付货物时,托运人、收货人可按货物灭失向到站要求赔偿。在赔偿前,如货物运到时,车站应及时向收货人办理交付并收回货运记录。

22. 哪些煤炭需要进行抑尘处理?

答:经铁路发运的粒度 35 mm 及以下的煤炭实行抑尘运输。

23. 铁路部门可为客户提供哪些物流服务?

答:铁路部门可为客户提供门到门、门到站、站到门、站到站,以及装卸、仓储、物流方案制定等物流服务项目。

24. 接取送达服务应坚持哪些原则?

答:接取送达服务应坚持客户自愿、敞开受理的原则,由客户自主选择“门到站”“站到门”或“门到门”服务。

25. 接取送达服务的起码服务区域有何规定?

答:对整车、集装箱货物的接取送达服务,起码服务区域为 10 km。对散货快运货物的接取送达服务,起码服务区域为 20 km。

26. 接取送达服务的时限有何规定?

答:零散货物快运的取货服务,客户在当日 12 点前确认的需求，要在当日 18 点前上门取货；在当日 12 点后确认的需求，要在次日 12 点前上门取货；零散货物快运的送货服务，在货物到站卸车完成后，要在 24 h 之内送达与客户约定地点，卸车在当日 18 点后完成的，送货起始时间从次日 8:00 起算；批量零散货物快运、集装箱、整车的送货服务，在货物到站卸车完成后，要在 36 h 之内送达与客户约定地点，卸车在当日 18 点后完成的，送货起始时间从次日 8:00 起算。由于客户对取、送货时间有特殊要求、自然灾害不可抗力等特殊情况造成超时的，调度人员要在系统中进行超时原因备注，铁路总公司物流调度根据实际情况免于考核。

27. 接取送达服务配送时限标准有何规定?

答:接取送达配送时限标准为货物卸车完毕时起至送达与客户约定地点时止的时间。零散货物快运，在货物到站卸车完毕后 24 h 之内送达与客户约定地点；整车、集装箱、批量零散快运货物，在货物到站卸车完毕后 36 h 之内送达与客户约定地点；客户对取、送货时间有特殊要求的，站段要在系统中进行备注。

28. 托运人支付运输费用时间有何规定?

答:托运人应在发站承运货物当日支付费用。对 18 点以后承运的货物，车站应在货物运单承运日期戳记下注明“翌”字，其运输费用，可以在次日支付。

29. 什么情况下需缴纳迟交金?

答:托运人或收货人从应收该项运杂费之次日起至付款日止，每迟延一日，按运杂费(包括垫付款)迟交总额的 3‰，应向承运人支付规定的运杂费迟交金。

30. 车站为托运人开具增值税发票有何规定?

答:托运人凭运单托运人存查联开具增值税发票，车站在税控系统中核对票据信息后，开具增值税发票，并在运单托运人存查联上加盖“已开具发票”戳记。托运人签字确认后，将增值税发票、运单托运人存查联退还托运人。

31. 开具增值税专用发票,客户须具备哪些条件?

答:开具专用发票时,客户必须是经税务机关认定的一般纳税人,若为小规模纳税人或其他个人则不得开具。

32. 开具增值税专用发票,客户须提供哪些资料?

答:(1)实际受票方为发货人的,应提供以下资料:

①营业执照(复印件)单位加盖公章。

②国税税务登记证(复印件)加盖公章。

③一般纳税人资格证书(复印件)加盖公章。

④银行开户许可证(复印件)加盖公章。

(2)实际受票方为收货人或实际购货人的,发货人还必须以其法人单位名义向营业站点出具公函,证明实际受票方的真实性。公函的内容为:

①实际受票方及基本信息。

②本次运输业务与实际受票方关联经济关系。

③承诺:开具增值税专用发票后,给铁路运输企业带来的法律、税务、债权债务等一切风险、损失及后果,由发货人承担。

二、客户求助投诉

1. 何谓客户求助?

答:客户求助是指客户在客货运输过程中对服务过程等发出的求助信息。

2. 何谓货运投诉?

答:货运投诉是指在货物运输全过程中,客户对铁路提供的服务不满意,通过 95306 电话、电子邮件、信函、货运中心(站段)服务电话等方式提出解决问题的行为。

3. 货运客户投诉主要渠道有哪些?

答:客户可以通过网站在线投诉、客户端投诉、站段服务电话、95306 电话、车站服务电话、电子邮件、信函等方式提出投诉。

4. 货运投诉处理的总体要求是什么?

答:热情服务、首诉负责、受理必复、实事求是、依法合规、专业处理、持续改进、改善体验。

5. 货运投诉受理的原则是什么?

答:谁受理、谁回复;谁交办、回复谁;有记录、有结果。

6. 站段接到货运投诉时应做哪些工作?

答:接到货运投诉时,应礼貌、热情、诚恳,做好口头投诉的记录和书面投诉的接收、登记,生成"铁路货运服务质量投诉工单"。

7. 站段对受理或转来的货运投诉,应如何处理?

答:站段受理或转来的货运投诉,应在5个工作日内完成调查处理工作,对直接受理的,将处理结果直接回复客户,抄送铁路局集团公司货运主管部门;对转来的,应回复转发方,同时抄送铁路局集团公司货运主管部门。

8. 站段回复客户投诉有何规定?

答:站段应根据内部调查处理材料,在工单上填记有关内容,主管领导审核签字确认后,回复客户。对客户回复的内容应简洁明了,客观准确。宜采用与客户投诉时相同的方式回复。

9. 如何防止阻挠和打击报复投诉人的行为?

答:铁路局集团公司相关部门(单位)在货运投诉受理、处理和回复过程中,要做好相关信息的保密工作,防止出现阻挠和打击报复投诉人的行为。

10. 货运投诉内容主要包括哪些类别?

答:客户投诉内容主要包括货运受理、接取送达、货车调送、装卸作业、仓储保管、运输收费、保价理赔,以及服务态度、运输时限、专业运输、运载工具、设备设施、信息服务、其他等。

11. 货运投诉处理工作应建立哪些制度?

答:应建立客户投诉回复质量回访制度,主动征求客户对投诉回复的意见,不断改进工作质量,并将客户意见纳入对投诉处理工作质量的考核。

应建立货运投诉处理工作质量考核机制，定期对投诉处理工作质量进行分析，对典型案例进行解剖，及时下发货运投诉处理工作质量情况通报；对频繁发生投诉的服务环节、部门和单位进行重点分析，提出得力措施，切实解决问题。

12. 对涉及路风问题的投诉处理有何规定?

答:对涉及路风问题的投诉，受理机构在将工单流转至涉诉部门、站段的同时，应将工单抄同级路风监察部门。

13. 对非铁路货运服务质量问题的投诉处理有何规定?

答:对非铁路货运服务质量问题的投诉，应向客户说明情况，记录客户投诉内容并以适当形式移交相关部门或单位，由相关部门、单位按有关规定处理。

14. 受理电话、网站邮件投诉和网站在线投诉有何要求?

答:受理电话投诉、网站邮件投诉时，要按照铁路货运服务质量投诉工单填写要求，通过货运电子商务系统建立工单；受理网站在线投诉时，系统根据客户选择的铁路局集团公司和填写内容自动生成工单，客户所选铁路局集团公司的客服中心负责处理。

15. 货运电子商务系统投诉与建议管理模块有哪些功能?

答:投诉与建议管理根据不同的角色（包括外网用户，站段，客服中心，铁路局集团公司，铁路总公司），提供了建议投诉提报、受理、回复、回访、导出、打印等操作。

16. 货运电子商务系统投诉建议提报分为哪些?

答:投诉建议提报按不同的角色可分为外网用户提报、站段用户提报、客服中心提报、铁路总公司部门提报。

17. 外网用户如何通过电商系统提报投诉?

答:外网用户登录到电商系统首页，点击“投诉”进入在线投诉页面，正确填写相关信息，带 * 为必填项。也可发送邮件进行投诉。

18. 站段受理电话投诉或信函投诉时应如何处理?

答:站段受理电话投诉或信函投诉时,属职责范围内的,直接通过系统建立工单并进行处理;超出职责范围时,站段应将投诉转交客服中心处理,站段受理时要向客户说明转交原因,将客户基本信息和投诉内容录入系统报告客服中心,客服中心与客户联系确认后建立工单。

19. 投诉工单如何编制?

答:各投诉渠道受理的投诉要全部通过系统建立工单,系统按照"局(公司)简称代码+年月日+顺序号码"的规则自动编制工单号,顺序号码在一个月内顺序生成;客服中心对工单进行废止操作时,废止的顺序号码当月后续不再使用。

20. 受理投诉工单的时限有何规定?

答:客服中心接到客户投诉后,要在当日建立工单,需要批转至站段(含转他局客服中心再转站段情况)处理时,各客服中心要尽快将工单流转至涉诉站段处理,17:00 前接到的客户投诉,要保证站段投诉管理人员当日登陆系统接收工单,17:00 后接到的客户投诉,要保证站段投诉管理人员在次日 9:00 前接收工单。

21. 调查处理投诉时,有何要求?

答:站段直接建立工单或接收批转的工单后,要对投诉开展调查分析,形成处理结论,站段投诉主管领导对处理结果签字确认,站段投诉管理人员通过系统发布调查处理结果。

对于批转至站段处理的工单,涉诉局客服中心要对站段处理结果进行审核,调查清楚、依据充分、结论合理时确认通过审核,否则退回站段重新处理。

对于铁路局集团公司自处理的工单,要建立铁路局集团公司级投诉调查处理制度,根据投诉类型和涉诉单位明确牵头调查部门,必要时纳入铁路局集团公司交班内容。客服中心负责通过系统发布投诉调查处理结果。

22. 投诉工单批转有何规定?

答:客服中心根据涉诉对象批转工单,属自局投诉时,批转至涉诉站段调查处理,站段对批转有异议时,经站段投诉主管领导确认后在系统中注明退回原因,将工单退回客服中心重新处理;属他局投诉时,批转到涉诉局客服中心,由涉诉局客服中心再批转至涉诉站段调查处理。

23. 零散货物快运投诉处理时限有何规定?

答:原则上应在 4 个工作日内处理完毕。

24. 通过电商系统回复客户有何要求?

答:由建立工单的单位负责回复客户,回复客户前根据投诉调查处理情况在系统中填写回复要点,回复后注明客户对处理结果是否满意(“满意、基本满意、不满意”三选一),客户不满意时要记录不满意原因和要求。

25. 客户不满意投诉处理结果时,应如何处理?

答:首次回复客户表示不满意时,负责调查处理的站段根据客户意见和要求,直接进行二次调查处理,形成处理结论。客服中心回复客户,客户表示满意、基本满意可以结案。

客户再次表示不满意时,由铁路局集团公司投诉主管部门组织相关部门进行分析判断,认为站段处理合理,可提出结案意见,向客户详细解释说明后,铁路局集团公司投诉主管部门将结案依据录入系统后结案;铁路局集团公司投诉主管部门认为站段二次处理不合理时,由铁路局集团公司牵头组织调查处理,铁路局集团公司投诉主管部门通过系统发布调查处理结果,客服中心回复客户,客户表示满意、基本满意可以结案。

客户对铁路局集团公司调查处理结果仍表示不满意时,铁路局集团公司投诉主管部门组织相关部门进行分析,确认处置合理可提出结案意见,向客户详细解释说明后,铁路局集团公司投诉主管部门将结案依据录入系统后结案。

三、95306 网站运用

1. 95306 网大宗商品服务平台提供哪些服务?

答:95306 网大宗商品服务平台为客户提供企业上线展示、大宗商品网上交易、资讯信息和物流等服务。

2. 何谓 95306 网大宗商品服务平台客户?

答:95306 网大宗商品服务平台客户是指在中华人民共和国境内注册,具有良好资信,经服务平台审核通过后获得客户资格的企业法人。

3. 95306 网大宗商品服务平台客户应具备哪些条件?

答:客户应具备以下条件:

(1)在工商行政管理部门注册登记,具有法人资格的企业。

(2)具有良好的资信和商誉,无违法、受处罚记录。

(3)遵守国家相关部门颁布的《中华人民共和国合同法》《中华人民共和国公司法》《中华人民共和国消费者权益保护法》《中华人民共和国食品安全法》《中华人民共和国商标法》等法律法规。

(4)遵守中国铁路 95306 网《大宗商品服务平台上线服务规则》等与大宗商品交易相关的规章制度。

(5)服务平台要求具备的其他条件。

4. 申请成为 95306 网大宗商品服务平台客户,须提供哪些书面材料?

答:(1)工商营业执照。

(2)组织机构代码证。

(3)税务登记证。

(4)银行开户许可证。

(5)企业法定代表人的身份证。

(6)需要国家或地方政府特许经营的特殊物资品类,应提供相关行业生产或经营许可资质。

(7)服务平台认定需要提供的其他文件。

上述书面材料均为复印件,同时应加盖企业公章。

5. 客户选择铁路物流服务并在专用线发运的,应如何办理?

答:客户注册时选择铁路物流服务并在专用线发运的,应向专用线所属铁路局集团公司提供与专用线产权单位签订的专用线共用等相关协议。

6. 95306网大宗商品服务平台客户享有哪些权利?

答:(1)通过服务平台进行网上交易。

(2)通过服务平台进行企业展示。

(3)浏览资讯及相关信息。

(4)通过服务平台交易的商品享有优先铁路物流保障。

(5)对服务平台的服务提出意见、建议和投诉。

(6)参加服务平台组织的研讨及培训。

(7)其他依法应享有的权利。

7. 95306网大宗商品服务平台客户应履行哪些义务?

答:(1)遵守国家有关法律法规。

(2)遵守95306网大宗商品服务平台客户管理办法,接受服务平台的管理和监督。

(3)依法诚信开展交易。

(4)保证交易信息和提供材料的真实性、准确性、合法性,并承担相应法律责任。

(5)妥善保管用户名和密码,并对因账号在服务平台使用所产生的法律后果承担全部法律责任。

(6)及时向注册铁路局集团公司通报其重大变更事项。

(7)接受服务平台组织的研讨及培训。

(8)其他依法应履行的义务。

8. 客户信息发生哪些变化,应通知注册铁路局集团公司?

答:(1)企业名称变更。

(2)企业法定代表人变更。

(3)企业经营范围变更。

(4)企业联系方式、银行账号等信息变更。

(5)企业破产、解散、注销。

属于以上(1)～(4)项的,客户须在10天内通知注册铁路局集团公司办理有关变更手续;属于以上第(5)项的,客户须在10日内通知注册铁路局集团公司办理注销手续。因出现上述情况,客户未及时通知注册铁路局集团公司做出相应的变更、注销等手续所造成的一切后果,由客户承担。

9. 客户在95306网大宗商品服务平台如何办理注销?

答:客户申请注销客户资格时,须向注册铁路局集团公司提交书面注销申请(加盖企业公章),符合注销条件的,服务平台将在7个工作日内核准办结。

10. 95306网大宗商品服务平台交易方式有哪些?

答:服务平台交易方式包括挂牌交易、竞价交易、密封报价、产能订货、邀约交易。服务平台将依据市场情况调整交易方式,交易方式变化以服务平台公告为准。

11. 95306网大宗商品服务平台工作时间有何规定?

答:服务平台工作时间为每日7:00～23:00(服务平台公告的休市时间除外)。

12. 95306网大宗商品服务平台提赔模块主要提供哪些功能?

答:(1)查看货物索赔须知。

(2)在线提交赔偿要求书。

(3)在线查看办赔进度和赔偿结果。

(4)评价网上提赔满意度。

(5)查询历史网上提赔记录。

13. 客户违反服务平台有关规定,有何处罚措施?

答:客户违反服务平台有关规定,服务平台将根据其行为性质及后果进行警告、限制交易、停止服务、注销客户资格等处罚措施。

14. 客户存在哪些情况服务平台可以取消其客户资格?

答:客户存在下列情况之一的,服务平台可以取消其客户资格:

(1)违反国家有关法律法规的。

(2)拒不履行客户义务、侵犯服务平台权益的。

四、货运电子商务平台运用

1. 如何进入铁路货运电子商务平台?

答:从 95306 网站首页右侧导航按钮“货运网上营业厅”点击进入。

2. 铁路货运电子商务平台如何注册?

答:共需四步。第一步:登录注册界面。进入铁路货运网上营业厅注册界面,选择客户类型,认真阅读并确认《铁路货运网上营业厅客户服务协议》。第二步:填写基本信息。填写企业基本信息、经办人信息、业务信息等,提交用户注册申请。第三步:提交注册资料。在注册申请提交后一周内,到申请办理业务的车站货运营业厅递交书面证明材料。第四步:注册结果查询。注册用户的申请资料经审核通过后,客户可拨打客服电话查询。

3. 铁路货运电子商务平台提供哪些服务?

答:一是信息查询,包括铁路货运营业站综合服务、有关业务资料等信息。二是铁路货物运输及物流业务办理,提供“我要发货”便捷通道等。三是网上沟通交流,包括建议投诉等。

4. 铁路货运电子商务平台提供哪些短信服务?

答:提供下行通知短信服务,短信包括四类:注册结果信息,我要发货受理结果信息,预约受理结果信息,订车受理结果信息。

5. 铁路货运电子商务平台短信服务如何获取?

答:客户注册结果通知、我要发货受理通知无需定制,可自动获得短信服务；预约受理结果、订车受理结果需要客户注册并登录电子商务系统，需定制该项服务，在办理相应业务后获得短信服务。

6. 铁路货运电子商务平台的短信服务如何定制？

答：在货运电子商务平台注册后，登录系统，进入“自助服务”菜单，点击“短信服务定制”，选择短信服务内容，设定短信接收时间，即可定制短信服务。

7. 铁路货运电子商务平台已定制的短信服务如何取消？

答：如不需要接收短信，可登录系统，进入“自助服务”菜单，点击“短信服务定制”，选择列表中的记录，点击“编辑”，将“是否启用”选择为“无效”。如果是长期取消，直接删除记录即可。

8. 铁路货运电子商务平台的短信服务是否收费？

答：不收费。

9. 铁路货运电子商务平台如何查询运费？

答：登录铁路货运电子商务平台，在“营销工作台”工具栏内，依次点击“业务查询”“营销小工具”“运费试算”按钮，也可以点击95306 网站的“运费查询”查询。

10. 铁路货运电子商务平台如何追踪在途货物？

答：登录铁路货运电子商务平台，在“在途追踪”页面进行查询。也可以点击 95306 网站的“货物追踪”查询。

第三节　应急处置

1. 车站发现匿报或夹带危险货物、违禁物品等不良行为，应如何处理？

答：应立即停止办理承运手续，中转、在途运输时应立即停止运输，立即向相关环节作业人员和车站货运管理人员反馈，留存影像资料并向公安部门报警、汇报本单位主管部门，及时报告货运处。一经核实，除按《中华人民共和国铁路法》《铁路安全管理条例》以及相关规定处置外，相关单位有权永久性取消该托运人运输资格，并将不良诚信记录纳入客户档案，由铁路局集团公司将不良诚信记录名单上网公布。

2. 到站发现违规运输危险货物或违禁物品时，应如何处理?

答:应立即扣留货物、留存影像资料，并向公安部门报警、汇报本单位主管部门，及时报告货运处，按照《中华人民共和国铁路法》《铁路安全管理条例》以及相关规定处置。

3. 发现货物被盗、火灾等情况，发现单位(人)应如何处理?

答:发现货物被盗、火灾等情况，发现单位(人)应立即向公安、消防部门报案。货物损失涉及铁路交通事故的，应通知铁路局集团公司列车调度、安全监督管理部门；涉及车辆技术状态的，应通知车辆部门；涉及活动物或食品污染变质的，应通知防疫、检疫部门；涉及参加保险的货物，必要时应通知保险公司；涉及海关监管的货物，应通知海关监管部门；涉及环境污染的货物，应通知环保部门；必要时还应通知托运人(收货人)。

4. 运输过程中发现活动物染疫或病死等情况时，应如何处理?

答:运输过程中发现活动物染疫、疑似染疫、病死或死因不明时，押运人应及时通知车站。车站发现上述情况时，应及时向当地兽医主管部门、动物卫生监督机构或者动物疫病预防控制机构报告，同时拍发电报通知发、到站和上级主管部门，并采取隔离等控制措施，防止动物疫情扩散。严禁乱扔染疫、疑似染疫的活动物，病死或死因不明的活动物尸体。

5. 货物出现腐烂、变质等问题时，到站应如何处理?

答:到达货物出现腐烂、变质、冻损、污染、生理病害、病残死亡等问题时，到站应立即组织卸车并按规定编制货运记录，使用机械冷藏车的应会同乘务组组织卸车。收货人有异议的，不得拒绝卸车或中途停止卸车，否则因此造成的扩大损失由收货人承担。

发现食品运输污染的，应立即向铁路食品安全监管办公室报告。

6. 运输途中发现易腐货物腐烂、变质等问题时，发现单位应如何处理？

答：运输途中发现易腐货物腐烂、变质、冻损、污染、生理病害、病残死亡等问题时，发现单位应立即通知车站联系托运人、收货人并妥善处理，防止货物损失扩大。

7. 遇自然灾害、运输阻碍、到达积压等特殊情况需要调卸作业时铁路应如何处理？

答：遇自然灾害、运输阻碍、到达积压等特殊情况，铁路调度、货运、运输等部门应与托、收货人协商后，由铁路局集团公司调度向办理站下达调卸调度命令。

8. 客户提出对污秽、易碎、贵重、易腐等货物的接取送达服务，车站如何处理？

答：对污秽、易碎、贵重、易腐等货物的接取送达服务，车站应与客户协商。接取送达过程中，因铁路方原因产生额外支出时，应先提供服务，再认真分析、划分责任，进行内部清算，发到车站属不同铁路局集团公司的，可通过跨局协调机制处理。

9. 到站发现到达货物同货物运单、物品清单等记载不符时，应如何处理？

答：向发站拍发电报，按规定处理。

10. 货物运输发生阻碍怎么处理？

答：因不可抗力的原因致使行车中断，货物运输发生阻碍时，铁路局集团公司对已承运的货物，可指示绕路运输。或者在必要时先将货物卸下，妥善保管，待恢复运输时再行装车继续运输，所需装卸费用，由装卸作业的铁路局集团公司负担。因货物性质特殊，绕路运输或卸下再装，可造成货物损失时，车站应联系托运人或收货人请其在要求的时间内提出处理办法。超过要求时间未接到答复或因等候答复将使货物造成损失时，比照无法交付货物处理，所得剩余价款，通知托运人领取。

11. 货运票据电子化相关系统发生突发情况时应如何处理?

答:发生网络中断、非正常停电、系统异常、硬件故障、数据差错、数据丢失、程序报错等突发情况，影响运输生产秩序时，应根据故障情况逐级启动应急预案。

12. 货运票据电子化相关系统遇严重故障无法恢复，影响对外服务时应如何处理?

答:遇系统严重故障无法恢复，影响对外服务时，应及时报告、公示和处理，并做好对外解释工作。